PERFECT
S E R I E S

퍼펙트
자소서

퍼펙트
자소서

ⓒ 안시우, 2015

초판 1쇄 발행 2015년 8월 5일

지은이   안시우
펴낸이   이기봉
편집   이창주, 오지은
펴낸곳   도서출판 좋은땅
출판등록 제2011-000082호
주소   경기도 고양시 덕양구 동산동 376 삼송테크노밸리 B동 442호
전화   02)374-8616~7
팩스   02)374-8614
이메일   so20s@naver.com
홈페이지 www.g-world.co.kr

ISBN   979-11-5766-850-2 (03370)

이 도서의 국립중앙도서관 출판예정도서목록(CIP)은 서지정보유통지원시스템 홈페이지(http://seoji.nl.go.kr)와 국가자료공동목록시스템
(http://www.nl.go.kr/kolisnet)에서 이용하실 수 있습니다.(CIP제어번호: CIP2015021056)

PERFECT
SERIES

퍼펙트
자소서

안시우 지음

대입편

좋은땅

서문

1초에 250통의 메일을 받다

작년 2014년 8월 중순이었다. 메일함을 열어본 나는 깜짝 놀랐다. 평소 스팸메일이나 간간이 오던 편지함이 불과 1~2초 사이에 쏟아진 250여 통의 메일로 폭주하고 있었다. 메일의 제목은 모두 '사랑합니다.'였다. 아무리 페이지를 넘겨도 '사랑합니다.'라는 글자만 화면에 가득했다. 태어나서 그렇게 많은 '사랑합니다.'를 본 적은 처음이었다. 솔직히 조금 무서웠다.

당시 나는 모 대형입시커뮤니티에서 입시칼럼을 연재하며 무료로 자소서 멘토링 서비스를 하고 있었다. 일종의 재능기부 차원이었다. 처음에는 5명 모집하는데 많아야 50~100명 정도 지원하리라 예상했다. 학생들의 부담을 덜어주고자 신청메일의 제목도 '사랑합니다.'로 통일했다. 하지만 내 예상을 깨고 1~2초 사이에 무려 250명이 넘는 신청자가 지원했던 것이다. 예상치 못한 반응에 한편으로는 놀랍기도 했고, 다른 한편으로는 안타깝기도 했다. 학생들이 얼마나 자소서 쓰는 일이 막막했으면 이랬을까?

1000편의 자소서를 분석하다

그날 이후 나는 자소서에 대해 내가 아는 모든 지식을 정리해서 책으로 출간하기로 마음먹었다. 나는 입학사정관제가 본격적으로 도입된 2009학년도부터 지금까지 약 1000편이 넘는 자소서를 코칭했다. 대형입시학원이 아닌 개인으로서는 아마 최다 사례일 것이다. 생각만 해도 아찔한 양의 자소서를 코칭하면서 합격하는 자소서에는 공통적인 패턴이 존재한다는 사실을 알게 되었다. 그것은 소위 '잘 쓴 자소서'의 저변에 지하수처럼 흐르는, 자소서 전문가의 눈에만 보이는 은밀한 패턴이었다. 나는 그러한 패턴들을 추출해서 'UDT 분석', '주근깨 구조', 'PERSUADE 전략', '워크시트 양식' 등 자소서 작성 전략으로 정리했다. 그야말로 1000편의 자소서를 거르고 걸러서 건져낸 '사리(舍利)'라고 할 수 있다.

서문

완벽한 자소서를 쓰는 전략을 공개하다

《퍼펙트 자소서》는 크게 1부와 2부로 구성되어 있다. 1부는 기본적인 원칙과 전략을 바탕으로 완벽한 자소서를 쓰는 이론적 원리를 다룬다. 1장에서는 자소서를 쓸 때 가장 중요한 원칙에 대해 큰 틀에서 방향을 잡아준다. 2장에서는 PERSUADE 전략을 통해 입학사정관을 설득하는 구체적인 방법을 알려준다. 1부를 읽고 나면 자소서를 쓰는 모든 전략이 하나의 구조물처럼 머릿속에 체계적으로 정리될 것이다.

2부는 실제 문항과 합격 예문을 바탕으로 완벽한 자소서를 쓰는 실제적 적용을 다룬다. 1장에서는 각 문항별로 질문의 의도를 분석하고 문항별 작성 방법을 알려준다. 2장에서는 작년도 합격 예문 통해 1부에서 배운 이론이 어떻게 실제로 적용되었는지 분석한다. 2부를 읽고 나면 자소서를 어떻게 써야 자신을 효과적으로 어필할 수 있을지 감을 잡을 수 있을 것이다.

환희의 12월을 기다리며

작년 8~9월은 너무도 힘들었다. 수십 편의 자소서를 첨삭하면서 하루 100건 이상 쏟아지는 질문에 실시간으로 답변을 했다. 하루에 2~3시간밖에 못 잔 날도 많았다. 하지만 그 때의 고통은 12월에 환희로 바뀌었다. 수시에 합격한 학생들이 나를 잊지 않고 하루가 멀다 하고 합격소식을 전해주었던 것이다. 한 때 '사랑합니다.'로 가득 찼던 편지함이 이번에는 '시우쌤 감사합니다!', '드디어 합격했습니다!'로 가득 찼다. 단언컨대 1초에 250통의 '사랑합니다.' 메일을 받았을 때보다 그때가 훨씬 더 기뻤다.

이제 또다시 고난의 8월이 시작되었다. 어느 대학을 지원해야 할지, 어떤 전형을 써야 할지, 자소서는 어떻게 써야 할지 모두들 우왕좌왕하고 불안한 시기다. 하지만 나는 안다. 자신의 꿈을 향해 최선을 다한 학생들에게 이 고통은 곧 더할 나위 없는 환희로 바뀔 거라는 사실을. 프랑스의 철학자 몽테뉴는 "어디로 노를 저어야 할지 모르는 사람에게는 어떤 바람도 순풍이 아니다"라고 말했다. 《퍼펙트 자소서》가 여러분을 목적지까지 밀어주는, 한 줄기 순풍이 되기를 기원한다.

_구봉산 서원에서, 2015년 8월 안시우

제2부 │ 퍼펙트 자소서 합격사례

1장 문항별 작성요령

2장 자소서 합격예문

PERFECT
SERIES

1장 자기소개서는 자기속에서 나온다
진솔한 자소서는 잘 쓴 자소서보다 힘이 세다.
내면의 목소리에 귀를 기울이자.

1

퍼펙트 자소서 합격전략

2장 PERSUADE 전략으로 입학사정관을 설득하라
자소서는 입학사정관을 설득(persuade)하는 글이다.
'PERSUADE 전략'으로 완벽한 자소서를 완성하자!

01 자기소개서는 자기속에서 나온다

진솔한 자소서는 잘 쓴 자소서보다 힘이 세다

1 써도 써도 막막한 자소서

눈물 젖은 A양의 편지

사실 저는 선생님 글을 보기 전까지 고액의 자소서 첨삭과외를 받고 있었습니다. 집안 사정이 넉넉지 않아 어머니께 말씀은 안 드리고 제가 그동안 모아둔 용돈과 군대에 있는 오빠에게 빌고 빌어 50만 원이라는 고액의 자소서 과외를 신청했습니다. 그러나 제가 지푸라기라도 잡는 심정으로 신청한 그 선생님은 저 말고도 수많은 학생들을 맡고 계시더라고요. 당연히 수업일이 계속 미뤄지는 것은 물론이고 일주일째 연락이 안됐을 때도 있었습니다. 카톡을 보고 무시하시는 경우도 다반사였어요. 과외를 받은 지 한 달이 지났을 무렵에도 자소서는 커녕 대학 학과도 결정 못한 상황이었습니다. 물론 자소서를 쓰는 것도, 학과를 결정하는 것도 저의 몫이지만 적지 않은 돈을 주고 신청했기에 말로 표현할 수 없을 정도의 허탈감과 좌절감을 느꼈습니다….

지푸라기라도 잡고 싶다

수시지원이 한창이던 2014년 7월, A양이 나에게 자소서 멘토링을 신청하며 보내온 메일의 일부분이다. 혼자서 자소서를 준비하기가 너무 힘들었던 A양은 어려운 형편에도 불구하고 군인이었던 오빠에게 50만 원을 빌려 고액의 자소서 과외를 받았다. 그러나 강사 한 명이 수십 명의 학생들을 관리하다보니 학생 한 명 한 명에게 제대로 된 관리가 이루어지지 못했다. 결국 A양은 환불도 못 받고 지푸라기라도 잡는 심정으로 당시 자소서 멘토링을 진행하던 나를 찾았다.

이는 비단 A양에게만 해당되는 사례가 아니다. 해마다 수시철이 되면 전국의 수많은 고3 학생들이 A양과 비슷한 절망감에 빠진다. 대학에서 자소서를 쓰라니까 쓰긴 해야겠는데 어떻게 써야 하는지 가르쳐 주는 사람은 아무도 없다. 담임선생님을 찾아가도 입시상담으로 바쁘시고, 국어선생님을 찾아가도 이미 엄청난 분량의 자소서를 쌓아놓고 계셔서 줄을 서기도 죄송하다. 게다가 공부 잘 하는 학생들을 우선적으로 봐주기 때문에 중하위권 이하 학생들은 몇 날 며칠을 기다려 겨우 띄어쓰기나 맞춤법을 고쳐갈 뿐이다.

교사 1명이 30~40명의 학생들을 관리하는 학교현장에서 담임선생님이 모든 학생들의 자소서를 봐 주기는 사실상 불가능하다. 학교의 기대를 한 몸에 받는 우수한 학생이 아닌 이상 A양처럼 관심의 사각지대에 존재하는 학생이 있을 수밖에 없다. 그러다보니 덜컥 고액과외를 신청하기도 하고, 유명 입시 컨설팅 업체에 수백만 원씩 주고 대필을 부탁하기도 한다. 수소문해서 합격선배들의 소위 '족보'를 구하거나 인터넷을 검색해서 작년도 합격예문을 모방하기도 한다. 정말이지 눈물겹다. 그러나 이러한 노력(?)들이 과연 효과가 있을까?

무조건 따라 쓰면 무조건 떨어진다

최근 입학사정관전형에서 자소서가 대학 합격 당락을 좌우하는 주요 요소로 떠오르면서 표절과 대필이 기승을 부리고 있다. 하지만 한국대학교육협의회(이하 대교협)가 2012년에 발표한 '입학사정관제 지원서류 유사도 검증 가이드라인'에 따르면 대입 자소서는 5%만 같아도 표절 검증 대상으로 분류된다.

대교협에 따르면 2013년 입시에서 자소서 표절로 의심받은 학생 10명 중 9명이 탈락했다. 유사도 검색 시스템제도를 도입한 46개 대학이 입학사정관제에 지원한 17만 324명의 자소서를 검증한 결과 0.7%인 1178명이 재심사 대상자로 분류되었다. 재심사 결과, 이 중 단 76명(6.5%)만이 합격하고 나머지 1102명(93.5%)는 불합격처리 되었다. 재심 대상자 중 단 한명도 합격시키지 않은 학교도 46개 대학 중 25개에 달했다. 컴퓨터로 검증하는 서류 유사도 검사 시스템이 도입된 이후 더 이상 표절한 자소서로는 합격하기 어렵게 된 것이다.

또한 2014년 10월 28일자 SBS 뉴스에 따르면, 자소서 사교육 시장은 표절에서 대필로 이동하고 있는 추세다. 대교협이 지난해 110개 대학에 제출된 자소서와 교사추천서를 검사한 결과, 표절로 드러난 경우가 1천665건, 표절의심 사례가 7천651건으로, 모두 합치면 9천 건이 넘는다. 지난해보다 31% 감소했지만, 더 큰 문제가 있다. 지원자가 정직해졌다기보다, 입시 사교육 시장이 표절에서 대필로 옮겨갔기 때문이다. 입시 학원 관계자는 절대 대학 측이 알아차릴 수 없도록 써 준다고 광고를 하며 자소서 대필 1건 당 500만 원을 요구하기도 한다. 하지만 '사교육 걱정 없는 세상'의 안상진 부소장은 EBS 뉴스G와의 인터뷰에서 다음과 같이 말한다.

"그 학생을 잘 알지 못하고, 학교 프로그램도 잘 알지 못하는 사교육에 의존한다는 것은 비용도 너무 비쌀 뿐더러 효과도 기대하기 어렵습니다."

빌린 날개로는 하늘을 날 수 없다

숙련된 입학사정관의 눈으로 볼 때 대필된 자소서는 아무리 정교하게 위장해도 교복을 입은 아저씨처럼 티가 나게 마련이다. 대학 측은 대필이 의심되는 자소서에 대해 심층면접을 통해서 철저하게 검증을 시도한다. 경험하지도 않은 내용을 허위로 기재하거나 대행업체를 통해 작성된 자소서는 심층면접에서 결국 초라한 알몸을 드러낸다. 설령 운이 좋아서 잠시 입학사정관의 눈을 속이고 대학에 합격하더라도 문제는 그 다음부터다. 편법을 써서 비겁하게 합격한 학생은 평생을 그런 비겁자 마인드로 살아가야 한다. 반칙으로 대학에 들어간 학생이 사회에 나와서 부정한 세상을 향해 "똑바로 살아라"라고 떳떳하게 말할 자격이 있을까? 그리스 신화에 나오는 이카루스는 자신의 날개가 아닌 남에게 빌린 날개를 달았기에 결국 추락할 수밖에 없었다. 빌린 날개로는 하늘을 날 수 없다. 대학에서도, 인생에서도.

사자는 썩은 고기를 먹지 않는다

하이에나는 스스로 사냥하지 않는다. 남들이 먹다 버린 썩은 고기나 기웃거리며 찾아다닌다. 누군가를 따라한 자소서나, 누군가가 대신 써준 자소서는 썩은 고기에 불과하다. 나는 눈앞의 몇 푼 이익을 위해 썩은 고기를 던져주지 않는다. 대신 싱싱한 먹잇감을 스스로 사냥하는 모든 방법을 알려주겠다. 아무리 급해도 하이에나와 같이 비겁한 인생을 살지 말고 사자와 같이 당당한 인생을 살자. 사자는 아무리 배가 고파도 썩은 고기를 먹지 않는다. 스스로의 힘으로 목표를 정하고 싸워서 쟁취한다. 여러분도 사자의 심장과 앞발을 가지고 스스로의 꿈을 쟁취해 나아가길 바란다.

장그래의 자소서

"저는 바둑에서 인생을 배웠습니다. 가로 42cm, 세로 45cm의 바둑판 위에는 인생의 모든 일들이 압축되어 벌어집니다. 저는 7살에 바둑을 만나 10살에 한국기원 연구생 입문 후, 오로지 프로 입단을 위해 십대를 고스란히 바둑에 바쳤습니다. 바둑을 통해 저는 다음과 같은 인생의 교훈을 배울 수 있었습니다.

첫째, 이기고 싶다면 체력을 길러야 함을 깨달았습니다. 저에게 바둑을 지도해 주신 사범님께서는 항상 '정신력이란 체력이란 외피의 보호가 없이는 구호에 불과하다'고 말씀하셨습니다. 체력은 인내력과 집중력의 근본입니다. 저는 짧게는 2시간에서 길게는 6시간 이상 걸리는 바둑경기를 치르며 꾸준히 체력을 길러왔습니다. 체력을 바탕으로 한 저의 인내력과 집중력은 '원 인터내셔널' 종합상사 중에서도 업무가 격렬하기로 소문난 영업3팀에서 저의 역할을 수행하는 데 큰 도움이 될 것입니다…." (하략)

'넘버 원'이 아닌 '온리 원'이 되라

한때 웹툰을 원작으로 한 직장 드라마 〈미생(未生)〉이 인기였다. 위의 자소서는 미생의 주인공인 장그래의 자소서를 가상으로 작성해 본 것이다. 장그래는 아무런 스펙도 없이 바둑 후견인이었던 사장의 도움으로 대기업인 원 인터내셔널에 계약직으로 입사한다. 한편 그의 직장 동료 안영이의 스펙은 화려하다 못해 찬란하다. 서울대 정치외교학과를 졸업하고, 인턴도 수석으로 합격한 엘리트 중의 엘리트다. 잘 나가는 남자사원들조차 질투를 느낄 정도다.

만약 장그래가 자신의 본래 모습을 잊고 안영이의 흉내를 냈다면 어땠을까? 뱁새가 황새 따라가려다 가랑이가 찢어진다고 온갖 미사여구로 꾸며낸 느끼한 자소서를 쓰고 말았을 것이다. 장그래는 한 때 자신의 인생이었던 바둑에서 배운 교훈을 바탕으로 자기의 내부에서 우러나오는 목소리에 따라 최선을 다했기에 회사에서 인정받을 수 있었다. 사람에게는 누구나 자신만의 스토리가 있다. 이 스토리를 꾸밈없이 풀어낼 때 '넘버 원'이 아닌 '온리 원'으로서 자신의 가치를 인정받을 수 있다.

뼈 속까지 내려가서 써라

미국의 베스트셀러 작가 나탈리 골드버그는 그녀의 저서 《뼈 속까지 내려가서 써라》에서 "당신의 숨결을 느낄 수 없는 글은 그 글 속에 당신이 없는 것이다"라고 말했다. 자소서를 쓸 때도 마찬가지다. 자신의 학창시절을 돌아보고 뼈 속까지 내려가서 솔직하게 써야 한다. 진술한 자소서는 잘 쓴 자소서보다 힘이 세다. 다음은 나의 어린 시절을 바탕으로 국어교육과를 가정하고 쓴 성장과정이다.

[국어교육과]

혹시 분재를 좋아하십니까? 평범한 가정에서 1남 3녀 중 막내로 태어나 엄격하신 아버지와 자애로우신 어머니 밑에서 사랑을 받으며 성장했다면 얼마나 좋았겠습니까마는, 안타깝게도 저는 그렇지 못했습니다. 어릴 적 저희 집은 화초가게를 했습니다. 주로 난초와 분재를 키워서 판매했는데 나무들을 관찰하다 보니 한 가지 재미있는 사실을 발견했습니다. 태어날 때부터 곧게 뻗어나가는 나무가 있는 반면, 멀리서 보면 곧게 자란 것 같지만 가까이서 보면 원래 곧은 나무가 아닌데 지지대 덕택에 곧게 자란 나무도 있다는 점이었습니다. 저는 두 번째 나무에 가깝습니다.

중고오토바이 매매 사업에 실패하시고 호구지책으로 화초가게를 차리신 아버지는 일을 하시는 날보다 술을 드시는 날이 더 많았고 주사도 점점 심해지셨습니다. 집에 유리로 된 그릇은 모두 깨져서 남아나지 않았고 아버지가 늦게 오시는 날이면 행여 무서운 일이 벌어질까봐 칼이나 드라이버 등 뾰족한 물건들을 모두 장롱 속에 깊숙이 숨겨야 했습니다. 이런 환경에서 제가 비뚤어지지 않도록 붙잡아 준 지지대는 바로 저희 어머니셨습니다. 가출을 할까하는 생각도 수없이 해 보았지만 아버지를 대신하여 화초들을 돌보시느라 손이 나무뿌리처럼 되신 어머니를 보고 저는 차마 어긋날 수가 없었습니다.

'나를 죽이지 못하는 고통은 나를 강하게 할 뿐이다'라는 니체의 말이 있습니다. 비록 가정환경은 남들처럼 좋지 못했지만 오히려 그런 시련이 있었기 때문에 저는 강하고 바르게 성장할 수 있었습니다. 분재를 좋아하신다면 한번 상처와 옹이가 많은 나무를 쓰다듬어 보십시오. 더욱 강하고 단단하게 여물어 있음을 아실 수 있을 것입니다.

나의 힘들었던 어린 시절이 조금도 꾸밈없이 솔직하게 드러나 있다. 첫 문장에서 문답법으로 호기심을 이끌어 낸 후 '분재'라는 상징물을 통해 어린 시절의 힘든 경험이 오히려 나를 더욱 강인하게 만들어 주었음을 보여주고 있다. 이렇게 김이 무럭무럭 나는 진솔한 스토리는 꾸며내거나 어디서 빌려올 수 있는 것이 아니다. 오직 자신의 뜨거운 심장에서부터 건져 올려야 하는 것이다. 다음은 같은 학과를 가정하고 쓴 지원동기이다. 예문에 대한 보다 자세한 분석은 나중에 다루겠다.

[국어교육과]

어려운 가정환경 속에서 저를 붙잡아 준 지지대가 어머니셨다면 제가 성장할 수 있도록 양분을 공급해 주신 분은 중학교 2학년 시절의 은사님이셨습니다. '죽도(竹道)'라는 별명의 국어선생님께서는 별명 그대로 대나무처럼 맑은 기운과 곧은 기상을 지니신 분이셨는데 머리가 살짝 벗겨지셔서 오히려 더 친근감이 있었습니다.

한번은 제가 장난삼아 선생님들을 주인공으로 쓴 소설을 수업시간에 친구들과 돌려 읽다가 죽도 선생님께 걸린 적이 있었습니다. 선생님들의 외모와 말투를 몹시 희화화하여 쓴 글이었고 특히 죽도선생님을 대머리독수리로 등장시켰기 때문에 저는 차마 고개를 들 수 없었습니다. 그런데 그 분께서는 저를 야단치시기는커녕 한번 너털웃음을 지으시더니 오히려 글재주가 있다고 칭찬해 주셨습니다. 그 분의 그 한마디가 저를 문학의 길로 이끌었습니다. 그 후로 글쓰기에 자신감이 붙은 저는 꾸준히 글을 써서 학교 선생님들과 친구들에게 보여주었고 문예잡지에 응모하기도 했습니다. 그 결과 '교내 학생 독후감 공모전 최우수상'등 각종 교내상을 수상했고, 학교 축제 시화전에 제가 쓴 시와 소설을 전시하기도 했습니다.

만약 그 때 그 분께서 화를 내며 꾸짖으셨다면 저는 국어교사를 꿈꾸기는커녕 문학에 대한 흥미를 잃어버렸을 것입니다.

'내리사랑'이라는 말이 있습니다. 저의 철없는 잘못을 오히려 문학에 대한 흥미로 이끄신 죽도 선생님의 말 한마디가 저의 인생을 바꾸어 놓았듯이, 저도 학생들의 입장을 배려하고 더 나아가 인생을 변화시킬 수 있는 참된 국어 교사가 되고 싶습니다.

자기소개서는 '자기속에서' 나온다

진솔한 자기소개서는 자기 속에서 우러나온다. 인터넷에서 잘 쓴 자소서 예문을 찾을 시간에 가만히 눈을 감고 내면의 목소리에 귀를 기울여 보자. 내가 정말 이 학과를 지망하는 이유가 무엇인지, 과거에 무엇을 경험했고 그것으로부터 무엇을 배우고 느꼈는지, 앞으로 어떤 삶을 살고 싶은지 스스로에게 말을 걸어보고 대답을 들어보자. 자기 속에서부터 우러나오는 글을 쓸 수 있을 때 여러분들의 자소서는 '미생(未生)'에서 '완생(完生)'으로 나아갈 수 있다.

7월에 자소서 쓰기 시작하면 '바보'다

많은 학생들이 수능은 3년을 준비하면서 자소서는 한달만 준비해도 된다고 착각한다. 고3이 되어 발등에 불이 떨어져서야 빠른 학생은 수시접수를 준비하는 7월, 늦은 학생은 수시접수가 마감되는 9월에 자소서를 쓰기 시작한다. 나는 그런 학생들을 '바보'라고 부른다. 정말로 바보라는 의미가 아니라 '바라는 것을 보고만 있는 사람'이라는 의미이다. 바라는 것이 있다면 보고만 있어서는 안 된다. 직접 행동으로 나서야 한다. 수시 합격을 바란다면 보고만 있지 말고 지금 당장 자소서를 쓰기 시작해야 한다.

자소서는 총 4번 쓴다

수시합격의 영광을 누리기 위해서는 자소서를 최소한 4번 써 봐야 한다.

첫 번째 자소서는 중학교를 졸업하고 고등학교에 막 입학한 3월 달에 쓴다. 지나치게 이른 것이 아니냐고? 진로는 막연히 시간만 보낸다고 저절로 정해지지 않는다. 자소서를 쓸 때가 되어서야 진지하게 진로를 생각하는 학생들이 의외로 많다. 진로는 중간에 바뀌어도 상관없다. 임시로라도 진로를 정해놓고 시작하지 않으면 아무 방향도 없이 시간만 흘러간다. 철학자 몽테뉴의 말처럼 어디로 배를 저어야 할 지 모르는 사람에게는 어떤 바람도 순풍이 아니다.

첫 번째 자소서를 쓸 때는 임시로 지원 학과를 정하고 그 학과에 진학하기 위해서 고등학교 3년 동안 해야 할 활동목록을 정리한다. 그리고 그 활동들을 실제로 했다고 가정하고 자신이 입학할 대학의 자소서 양식을 뽑아서 가상의 자소서를 작성해 본다. 이러한 시뮬레이션을 통해 자신의 미래를 시각화할 수 있고 막연하던 꿈이 구체적인 현실로 다가오는 것을 느낄 수 있다.

두 번째 자소서는 1학년이 끝나고 2학년이 시작되기 전 겨울방학에 쓴다. 두 번째 자소서를 쓸 때는 지난 1년간 했던 활동을 되돌아보고 계획대로 잘 시행되었는지 반성한다. 그리고 그러한 시행착오를 바탕으로 2학년 때 해야 할 활동목록을 정리한다. 두 번째 자소서를 쓸 때는 1학년 때 실제로 한 활동과 앞으로 2학년 때 해야 할 활동을 반반씩 섞어서 작성한다. 즉 사실과 가상이 어우러져 있는 것이다.

'내가 지원하고자 하는 대학과 학과에 합격하는 사람은 어떤 고등학교 생활을 보냈을까'를 상상하고 그대로 행동하면 정말로 그런 사람을 닮아간다. 일종의 피그말리온 효과이다.

세 번째 자소서는 2학년이 끝나고 3학년이 시작되기 전 겨울방학에 쓴다. 이때는 가상의 자소서가 아니라 실제로 대학에 지원한다고 생각하고 지난 2년간의 활동을 총 정리해야 한다. 우왕좌왕하는 친구들과 달리 지난 2년 동안 계획을 세우고 성실하게 살아왔기 때문에 쓸거리가 넘친다. 또 이미 두 차례 자소서를 써 본 경험이 있기 때문에 자신만의 노하우도 생긴다.

마지막 자소서는 고3 여름방학, 즉 수시모집기간에 쓴다. 이미 3번이나 자소서를 써 봤기 때문에 이때는 거의 달인의 경지에 이른다. 네 번째 자소서는 완전히 새롭게 쓰는 것이 아니다. 지금까지 써 온 자소서를 바탕으로 3학년 때 새롭게 한 활동을 추가하고 표현을 세련되게 다듬어 주면 충분하다.

자소서를 학업계획서로 활용하라

이처럼 총 4번에 걸쳐서 작성되는 자소서는 고등학교 학업계획서로 활용될 수 있다. 자소서를 미리 쓸 때는 지원 대학과 지원 학과에서 요구하는 키워드를 파악하고 그것을 달성할 수 있는 활동을 구체적으로 정해야 한다. 예를 들어 서울대학교를 지원한다면 필수 과목인 한국사 공부에 대한 계획을 목록에 넣어야 한다. 또 경영학부를 지원한다면 관련 동아리에서 리더의 역할을 경험해 보는 것이 좋다. 만일 학교에 그런 동아리가 없다면 새로 만들어서 활동하는 것도 좋은 방법이다.

자소서를 미리 쓰면 항상 자신이 지원하고자 하는 대학과 학과를 염두에 두고 생활하기 때문에 시간을 헛되이 보내지 않는다. 자소서가 고교시절을 이끄는 일종의 네비게이션이 되는 것이다. 사소한 활동 하나에도 '이것이 나의 미래에 도움이 될지 안 될지'를 판단하고 도움이 안 된다는 판단이 들면 과감하게 포기할 줄도 알게 된다. 또 도움이 된다는 판단이 들면 목표를 달성하기 위해 구체적이고 단계적인 계획을 세울 수 있다. 이러한 체계적인 시간관리 능력은 중요한 학업역량이다. 미리 써 본 자소서대로 살아가는 것만으로 이미 대학이 원하는 인재가 되어가는 것이다.

자소서는 혼자가 아니다

많은 학생들이 내신이 안 좋아도 자소서만 잘 쓰면 수시(학생부 종합전형)로 대학에 합격할 수 있다고 생각한다. 이것은 그야말로 크나큰 착각에 불과하다. 학생부 종합전형은 수치화할 수 없는 학생의 능력을 말 그대로 '종합적'으로 판단하는 것이다. 자소서는 학교생활기록부, 추천서와 더불어 서류평가의 한 부분에 불과하다. 굳이 중요도를 따지자면 학교생활기록부 》 수능 〉 자소서의 순이다. 또한 자소서는 항상 구술면접과 세트로 연결되어 있다. 따라서 수시합격을 노리는 학생이라면 자소서 못지않게 내신과 수능, 그리고 구술면접에도 신경을 써야 한다.

학생부 종합전형이란 무엇인가

서울대학교측이 발표한 2016학년도 학생부 종합전형 안내자료에 따르면 학생부 종합전형이란 수치로 계산된 성적만을 반영하지 않고, 지원자가 제출한 다양한 서류를 바탕으로 학업능력뿐만 아니라 학업에 대한 노력, 의지, 열정, 적극성, 도전 정신, 발전 가능성 등을 종합적으로 평가하는 방식이다. 최근 3년간 서울대는 학생부 종합전형으로 모집인원의 75%를 선발하고 있다. 이는 현재 서울대에서 가장 많은 인원을 선발하고 있는 방식이다.

학생부 종합전형이 필요한 이유는 각각의 점수를 합산하는 방식으로는 평가할 수 없었던 학생의 잠재력과 발전 가능성을 면밀하게 평가할 수 있기 때문이다. 또한 고등학교에서의 활동과 노력을 중심으로 평가하기 때문에 사교육을 줄이고 공교육을 정상화하는 효과도 있다. 수능과 내신 위주의 획일적이고 일방적인 교육에서 탈피하여 창의적인 인재를 키울 수 있다는 장점도 있다.

학교생활기록부에서 놓치고 있는 것들

많은 학생들이 학교생활기록부(이하 생기부)에서 가장 중요한 것은 등급으로 나타나는 '교과학습발달상황'이라고 알고 있다. 물론 대학에서 학생을 선발할 때 가장 중요하게 고려하는 것은 학업역량이다. 그러나 학업역량이 교과 성적을 통해서만 나타나는 것은 아니다. 세부능력 및 특기사항, 창의적 체험활동 상황, 학업관련 탐구 및 연구 활동, 독서활동 상황, 행동특성 및 종합의견, 자소서, 추천서 등을 통해서도 학업역량은 얼마든지 드러날 수 있다. 이 중 학생부 종합전형에서 매우 중요함에도 많은 학생들이 간과하고 있는 부분이 바로 '세부능력 및 특기사항'과 '독서활동 상황'이다.

'세부능력 및 특기사항'은 또 하나의 자소서다

　세부능력 및 특기사항은 결코 생기부에 덤으로 있는 항목이 아니다. 입학사정관들은 학생들이 공부하는 모습을 직접 확인할 수 없다. 그래서 '세부능력 및 특기사항'을 통해 토론, 발표, 과제수행 등 학생이 교과 수업에서 학습한 내용과 수준을 파악한다. 예를 들어 과학 교과 이론수업에서 A, B 두 학생의 등급이 비슷하다고 가정해 보자. A 학생의 '세부능력 및 특기사항'에는 '과학 수업에 적극적으로 발표하고 참여하였음'이라고 간단하게 적혀있다. 반면 B 학생의 '세부능력 및 특기사항'에는 실험수업에서의 실험 설계 능력, 문제해결능력의 우수성 등이 구체적으로 언급되어 있다. 수치화된 성적은 비슷하지만 입학사정관이 둘 중 어느 학생을 더 우수한 학생으로 판단할 지는 분명하다. 다음은 서울대학교 2015학년도 학생부 종합전형 안내 자료 중 '세부능력 및 특기사항'에 나와 있는 부분이다.

> 여러분들이 교과 수업에서 보여준 노력들은 학교생활기록부 및 특기사항에 기록되고, 입학사정관은 이곳에 기록된 내용을 통해 여러분의 학습 활동을 파악하고 어떻게 역량을 계발했는지 그 내용을 이해하고 평가하게 됩니다.
>
> 서울대학교 입학사정관은 학교생활기록부 세부능력 및 특기사항의 기록을 꼼꼼히 읽으며 어떤 수업이 이루어졌는지 파악합니다. 그 과정 속에서 학생은 어떤 소양을 키우고 발휘해 왔는지 판단합니다. 따라서 세부능력 및 특기사항 안에 학생 개개인마다의 학습 활동 내용을 담아주시기 바랍니다.
>
> 선생님들께 부탁드리고 싶은 항목 중 하나는 세부능력 및 특기사항 기록입니다. 다양한 학습경험을 제공하는 교실 수업을 통해 학생들은 자신의 학업 역량을 신장시킬 수 있습니다. 서울대학교는 교과 성취도뿐만 아니라 학생들이 교과 수업 중에 나타낸 소양, 노력 등을 확인하여 학생들의 역량을 평가하고 있습니다.

　이렇게 중요한 '세부능력 및 특기사항'은 어떻게 준비하면 좋을까? '세부능력 및 특기사항'을 적어주시는 분은 해당 교과를 담당하시는 선생님이다. 그러나 선생님도 수많은 학생들의 활동을 모두 기억하고 일일이 기록해 줄 수는 없다. 따라서 평소에 선생님과 좋은 관계를 유지하고 수업시간에 적극적으로 참여하여 좋은 인상을 심어줄 필요가 있다. 더 나아가서 해당교과시간에 했던 발표, 과제, 실험 보고서 등을 포트폴리오로 정리해서 생기부가 입력되는 학기 말에 담당 선생님께 가져다 드리자. 물론 요구하듯이 하지 말고 "선생님께서 업무가 많으셔서 힘드실까봐 제가 그동안 했던 활동들을 스스로 정리해 봤습니다. 참고해 주시면 감사하겠습니다."라고 겸손하게 예의를 갖추어서 음료수 한 캔과 함께 드리면 어느 선생님이 마다하겠는가. 선생님이 학생에게 생기부 입력자료를 요구하는 것은 공식적으로 금지되어 있다. 하지만 학생이 자발적으로 가져오는 참고자료를 마다할 이유는 없다. 생기부에 기록으로 남지 않은 활동은 하지 않은 것이나 마찬가지라는 점을 명심해야 한다.

독서활동 상황을 지원 학과와 연관시켜라

세부능력 및 특기사항과 더불어 학생들이 간과하는 중요한 항목이 바로 '독서활동 상황'이다. 독서활동은 가장 기본적인 비교과활동이다. 대학에서는 독서경험을 모든 공부의 기초이자 대학생활의 기본 소양으로 판단한다. 독서를 통해 사고력, 지식, 의사소통 능력, 글쓰기 능력 등이 향상되기 때문이다. 그러나 대다수 학생들의 생기부에 기록된 독서활동 상황은 다음과 같다.

'장미의 이름(움베르트 에코)'를 읽고 인간의 근원적인 선악의 문제에 대해 깊이 있게 생각해 보았으며 중세시대의 역사에 관심을 가지게 됨.

이런 피상적인 독서활동 상황은 있으나마나다. 독서활동을 기록할 때는 그 책이 자신에게 준 영향과 책을 읽고 난 후 자신의 변화, 배우고 느낀 점이 구체적으로 드러나야 한다. 또한 같은 책을 읽더라도 지원 학과에 따라 강조점이 달라질 수 있다.

예를 들어 '국문학과'를 지원한다면 위 예문을 다음과 같이 바꿀 수 있다.

'장미의 이름(움베르트 에코)'를 읽고 섬세한 배경설정에 감탄하였으며 사실적인 묘사를 위해서는 방대한 자료조사와 치밀한 시대적 고증이 필요함을 알게 됨. 또한 중세의 수도사이면서도 합리적이고 현대적인 추리력을 갖춘 주인공 윌리엄을 통해 매력적인 인물설정에 관심을 가지게 됨. 훗날 이 사건을 회상하며 이야기를 서술하는 윌리엄의 제자 '아드소'를 통해 서술 시점의 특징과 역순행적 구성의 효과에 대해 알게 되었으며, 하나씩 진실이 벗겨지는 미스터리 형식의 효과를 깨달음.

'건축학과'를 지원한다면 다음과 같이 바꿀 수 있다.

'장미의 이름(움베르토 에코)'를 읽고 높은 건물과 첨탑, 첨두, 아치로 수직적 상승감을 나타내는 고딕 건축 양식에 대해서 구체적인 지식을 알게 됨. 일명 장미창이라 불리는 원형 창을 스테인드글라스로 장식한 것이 신의 존재를 효과적으로 나타내기 위함이었다는 사실을 알고 건축양식이 가지는 미적 효과에 대해 알게 되었으며 건축양식은 당시의 시대적, 사회적 상황과 독립적으로 존재할 수 없음을 깨달음.

'철학과'를 지원한다면 다음과 같이 바꿀 수 있다.

'장미의 이름(움베르토 에코)'를 읽고 절대적 지식의 해체를 추구하는 포스트모더니즘에 대해서 알게 됨. 살인을 저지르고도 스스로를 진리의 수호자라고 믿는 도서관장의 모습을 통해 독선적인 가치관의 위험성을 알게 되었으며 책에서 '금단의 지식'으로 등장하는 고대 그리스 사상에 관심을 가지고 '국가(플라톤)', '시학(아리스토텔레스)'등 관련 서적을 찾아 봄. 또한 외부집단에 대해 배타적이고 폭력적으로 돌변할 수 있는 이분법적 가치관에 대해 비판적 시각을 가지게 됨.

'독서활동 상황' 역시 '세부능력 및 특기사항'과 마찬가지로 평소에 독서기록장에 잘 기록해 두었다가 학기 말에 담당 선생님께 정중히 전달해 드리자. '독서활동 상황'과 '세부능력 및 특기사항'을 충실히 기록하는 것만으로도 다른 학생과 차별화된 생기부를 만들 수 있다. 생기부는 자소서 이전의 자소서라는 사실을 잊지 말아야 한다.

인류 역사상 가장 위대한 천재라고 일컬어지는 레오나르도 다 빈치. 그도 취업을 위해 자소서를 썼다는 사실을 알고 있는가? 무려 반세기 전에 작성된 그의 자소서는 놀랍게도 오늘날 대입 자소서가 갖추어야 할 모든 요소를 갖추고 있다. 다음은 레오나르도 다 빈치가 1482년 밀라노의 군주였던 루드비코 스포르차에게 보낸 자소서이다.

이루 말할 나위 없이 빛나는 존재이신 각하, 자칭 거장이요 전쟁 무기의 발명가라고 일컫는 자들의 제반 보고서를 면밀히 검토해본 결과, 그들의 발명품과 소위 기구라는 것들이 흔히 쓰이는 물건들과 모든 면에서 크게 다를 바 없음을 알게 되었으므로, 다른 사람에 대한 편견 없이 용기를 내어 저만의 비밀을 각하께 알려드리려고 합니다. 각하의 편하신 시간 언제라도 다음에 기록한 일부 사항들을 직접 보여드릴 수 있기를 간곡히 부탁합니다.

1. 저는 물건을 쉽게 운반할 수 있는 매우 가볍고 튼튼한 기구의 제작 계획안을 갖고 있습니다.

2. 어떤 지역을 포위했을 때 물을 차단할 수 있는 방법과 성곽 공격용 사다리를 비롯한 헤아릴 수 없을 만큼 많은 여러 가지 도구를 만드는 방법을 알고 있습니다.

3. 높고 튼튼한 성벽으로 포격을 가해도 요새를 무너뜨릴 수 없는 경우, 반석 위에 세운 성곽이나 요새라 할지라도 무너뜨릴 방책을 갖고 있습니다.

4. 대단히 편리하고 운반하기 쉬우며, 작은 돌멩이들을 우박처럼 쏟아낼 포를 만들 계획안들을 갖고 있습니다.

5. 해전이 벌어질 경우, 공격과 방어 양쪽 모두에 적당한 여러 가지 배의 엔진을 만들 계획안이 있으며, 위력이 대단한 대포와 탄약과 연기에 견딜 수 있는 전함을

만들 계획안도 갖고 있습니다.

6. 또한 적에게 들키지 않고 땅 밑이나 강 밑으로 굴이나 비밀 통로를 만들어 통과하는 방법을 알고 있습니다.

7. 또 쉽게 공격 받지 않는 안전한 차량을 만들 수 있습니다. 대포를 갖춘 적이 밀집한 곳이라도 이 차량으로 밀고 들어가면 적은 흩어지지 않을 수 없을 겁니다. 그리고 차량 뒤를 따라서 보병 연대가 어떤 피해도 없이 적의 반격을 물리치고 진군 할 수 있습니다.

8. 또 필요하다면 대포와 박격포, 가벼운 포까지 만들 계획안을 가지고 있습니다. 이것들은 흔히 쓰이는 일반적인 대포들과는 전혀 다르게 멋있고 세련된 모양을 갖추게 될 것입니다.

9. 대포를 사용할 수 없는 곳이라면 사출기와 덫을 비롯해서 놀라운 효과를 발휘하는 특별한 엔진을 만들어 사용할 수 있습니다. 간단히 말해 다양하고 무한히 많은 종류의 공격과 방어용 엔진을 공급할 수 있습니다.

10. 평화 시에는 공공건물이나 개인용 건물을 건축하는데 그 누구보다도 각하께 만족을 드릴 수 있다고 믿는 바입니다. 그리고 어느 곳에서든 다른 곳으로 물길을 낼 수도 있습니다.

11. 또한 대리석이나 청동, 진흙으로 조각상을 만들 수 있으며, 그림 또한 그릴 수 있습니다. 제 작품은 어느 미술가의 작품과 비교해도 뚜렷한 차이를 드러낼 것입니다.

12. 더욱이 저는 청동 기마상을 만들고 싶습니다. 이 기마상은 각하의 아버님이

황태자님과 명예롭고 훌륭한 스포르차 가문을 영원토록 추억하게 할 기념물이 될 것입니다.

위에 말씀드린 사항 중에서 의심이 가거나 실용적이지 않다고 생각하는 내용이 있다면, 각하의 공원이나 각하가 원하시는 어느 장소에서든 제가 직접 시험해 보여드릴 수 있습니다.

이루 말할 수 없는 겸허한 마음으로 각하께 제 자신을 추천하는 바입니다.

레오나르도 다 빈치의 자소서는 다음과 같은 점에서 좋은 자소서이다.

첫째, 상대방과 자신을 정확하게 분석했다.

레오나르도는 루드비코가 군수물자에 관심이 많다는 것과 자신에게 전쟁무기를 만드는 기술이 있다는 사실을 잘 알고 있었다. 그래서 상대방이 원하는 것을 자신이 잘 만들 수 있다는 것을 입증하는 것에 최대한 집중하고 있다. 그의 미술능력은 당대 최고 수준이었음에도 불구하고 제일 마지막에만 간신히 언급하고 있음에 주목하자. 그 마저도 상대방의 요구에 맞추어 필요성을 역설하고 있다. 상대방과 자신에 대한 철저한 분석을 바탕으로 작성된 자소서라 할 수 있다.

둘째, 목적이 뚜렷하다.

레오나르도가 자소서를 쓴 목적은 한마디로 자신을 고용해 달라고 루드비코를 설득하는 것이었다. 모든 내용은 이 하나의 목적을 달성하기 위해 생성되고 선별되고 조직되었다. 학구적이고 우아한 내용은 눈을 씻고 봐도 없다. 레오나르도의 학식이 부족해서였을까? 물론 아니다. 알다시피 그는 당대 최고의 지식인이었다. 무인가문 출신이자 야심가인 상대방의 요구에 맞추어 어디까지나 '실용성'에 초점을 맞추어 상대방의 언어로 상대방을 설득하고 있는 것이다.

셋째, 구체적이다.

레오나르도는 자신이 할 수 있는 일을 아주 구체적인 예를 들어서 제시하고 있다. 운반도구, 공성장비, 대포, 배의 엔진, 굴 파는 기술 등등 그의 설명을 듣는 사람이라면 누구나 그를 고용하고 싶어질 것이다. 더구나 전쟁 시기가 아닐 때는 자신이 쓸모없어질 것을 고려하여 평화 시에도 건축물과 미술작품을 제작할 수 있음을 어필하고 있다. 전쟁 시기건 평화 시기건 자신은 상대방에게 전천후로 쓸모 있는 존재라는 것을 구체적인 예를 들어서 설득하고 있다.

넷째, 체계적이다.

레오나르도는 본론에서 번호를 붙여 체계적으로 자신의 핵심역량을 어필하고 있다. 단락 구분이 명확하며 항목이 여러 가지임에도 불구하고 전체적으로 '저는 당대 최고의 전쟁무기 발명가이자 미술가입니다'라는 단 하나의 주장을 입증한다. 서론-본론-결론의 3단 구성도 깔끔하다.

다섯째, 차별성이 있다.

다른 자소서들이 상대방에 대한 아부와 자신에 대한 변명으로 가득 차 있는 것에 비해 레오나르도의 자소서는 당당하게 자신의 장점을 직접적으로 어필하고 있다. 또한 다른 사람들과의 비교를 통해 자신의 장점을 적극적으로 드러내고 있다.

"자칭 거장이요 전쟁 무기의 발명가라고 일컫는 자들의 제반 보고서를 면밀히 검토해본 결과, 그들의 발명품과 소위 기구라는 것들이 흔히 쓰이는 물건들과 모든 면에서 크게 다를 바 없음을 알게 되었으므로, 다른 사람에 대한 편견 없이 용기를 내어 저만의 비밀을 각하께 알려드리려고 합니다."

여섯째, 간결하다.

레오나르도는 아주 단순한 단락 구성으로 자신의 주장을 최대한 효과적으로 말하고 있다. 문장도 간결해서 이해하기 쉽다. 만약 레오나르도가 에피소드들을 길게 이어서 썼다면 어땠을까? 아마 무인출신 루드비코는 자소서를 읽지도 않고 벽난로 속에 던져버렸을 것이다.

지금까지 레오나르도 다 빈치를 통해 좋은 자소서가 갖추어야 할 요건에 대해 알아보았다. 지원 대학, 지원 학과와 자신에 대한 분석을 바탕으로 목적성, 구체성, 차별성, 체계성, 간결성을 갖추면 누구라도 이처럼 좋은 자소서를 쓸 수 있다. 보다 구체적인 방법은 2부에서 PERSUADE 전략을 통해 알려주겠다.

1등급 한우 등심처럼 써라

자소서의 모든 문항들이 '배우고 느낀 점'을 위주로 쓸 것을 요구함에도 불구하고 많은 학생들이 배우고 느낀 점을 표현하는 일에 서툴다. 반면 합격 자소서는 배우고 느낀 점이 다양한 서술어를 통해 풍부하게 드러나 있다. 그러기 위해서는 우선 다음과 같은 구조를 버려야 한다.

여러분들이 방학숙제로 독후감 써낼 때 흔히 사용하던 구조다. 에피소드와 배우고 느낀 점이 물과 기름처럼 분명하게 분리되어 있다. 심지어 비중도 8:2로 획일화되어 있다. 대부분의 자소서가 이렇게 붕어빵처럼 똑같은 구조로 작성된다. 반면 자신의 생각, 즉 배우고 느낀 점이 잘 드러난 자소서는 다음과 같은 구조로 작성된다.

에피소드와 배우고 느낀 점이 번갈아서 1등급 한우 등심처럼 적절하게 마블링 되어 있다. 에피소드는 살코기에 해당하고 배우고 느낀 점은 지방에 해당한다. 에피소드만 나열하면 살코기만 먹는 것처럼 퍽퍽하고 맛이 없다. 반대로 배우고 느낀 점만 늘어놓으면 지방만 먹는 것처럼 느끼하다. 두 가지가 적절하게 조화되었을 때 비로소 감미로운 육질이 살아난다.

배우고 느낀 점
〈에피소드〉
배우고 느낀 점
〈에피소드〉
배우고 느낀 점
〈에피소드〉
배우고 느낀 점

'생각'과 관련된 서술어

'배우고 느낀 점'은 '생각과 느낌'으로 번역할 수 있다. '생각'은 이성적인 사고 작용의 일체를 말한다. 생각이라고 해서 '~을 배웠습니다'와 '~을 깨달았습니다'만 있는 것은 아니다. 어떤 사태나 사물에 대해서 가지고 있는 판단을 말할 수도 있고, 에피소드를 통해서 얻게 된 깨달음(판단의 변화)을 말할 수도 있다. 또 미래에 대한 희망이나 포부를 말할 수도 있다. 이처럼 생각과 관련된 서술어를 다양하게 써 주면 합리적인 사람이라는 인상을 줄 수 있으며 유사도 검사에서도 중복을 최대한 피해갈 수 있다. 다음은 자소서를 풍부하게 해 줄 '생각'에 관한 서술어들이다. 대표 서술어와 유사 서술어를 활용하여 중복되는 서술어는 고쳐주어야 한다.

종류	대표 서술어	유사 서술어	예문
판단	~라고 생각합니다.	~라고 판단했습니다.	- 경영학에서 리더십은 중요한 가치라고 생각합니다. - 저는 공부 방법을 바꾸는 것이 낫겠다고 판단했습니다.
근거	~이기 때문입니다.	~이 원인이었습니다.	- 학생들의 개인차가 모두 달랐기 때문이었습니다. - 너무 과도한 욕심을 냈던 것이 그 원인이었습니다.
주장	~할 수 있었습니다.	~했습니다.	- 학생회장을 하며 의사소통 능력을 키울 수 있었습니다.
깨달음	~라는 점을 깨달았습니다.	알게 되었습니다. 배웠습니다.	- 문제를 해결하기 위해서는 무엇보다 끈기가 필요함을 깨달았습니다. - 정직이 가장 소중한 자산임을 배웠습니다.
짐작	~일 것 같습니다.		- 쉽게 달성할 수 있을 것 같았습니다.

종류	대표 서술어	유사 서술어	예문
단언	~은 ~입니다.		– 단언컨대, 불굴의 의지력은 저의 가장 큰 무기입니다. – 저의 좌우명은 '무언실천'입니다. – 정신은 기술의 발달 속도를 따라오지 못합니다.
인용	~라는 말이 있습니다.	명언이 있습니다. 속담이 있습니다. 구절이 있습니다.	– '자신이 하고 싶은 일을 하면 주인이고 남이 시키는 일을 하면 노예'라는 말이 있습니다.
희망	~하고 싶습니다.	바랍니다. 희망합니다. 열망합니다.	– 학생들의 입장에서 생각할 줄 아는 참된 교사가 되고 싶습니다.
의지	~하겠습니다.	할 것입니다. 할 계획입니다.	– 자신의 목표를 향해 흔들리지 않고 나아가는 삶을 살겠습니다. – 최선을 다해 노력하겠습니다.
결심	~라고 결심했습니다.	다짐했습니다.	– 우리나라 제1의 마케팅 전문가가 되기로 다짐했습니다.
의지 + 결심	~하겠다고 결심했습니다.	하겠다고 다짐했습니다.	– 돈 때문에 꿈을 포기하는 일이 없는 사회를 만들겠다고 다짐했습니다.

'느낌'과 관련된 서술어

'느낌'은 정서적인 반응의 일체를 말한다. 많은 학생들이 '보람을 느꼈습니다.' '자신감을 얻었습니다.' 등 몇 개의 한정된 서술어만 사용한다. 하지만 느낌의 종류는 그보다 훨씬 다양하다. 긍정적인 느낌도 있고 부정적인 느낌도 있고 중립적인 느낌도 있다. 느낌과 관련된 서술어를 다양하게 써 주면 감수성이 풍부한 사람이라는 인상을 줄 수 있다. 하나의 에피소드는 문제, 원인, 행동, 결과 등 다양한 내용적 요소들로 구성된다. 느낌을 내용적 요소들 사이에 접착제처럼 넣어 주면 느낌이 풍부해지는 것은 물론 내용이 부드럽게 연결된다. 다음은 자소서를 풍부하게 해 줄 '느낌'과 관련된 서술어들이다.

종류	대표 서술어	유사 서술어	예문
긍정적	보람을 느꼈습니다.	가슴이 뿌듯했습니다.	– 친구들이 좋아하는 모습을 보고 보람을 느꼈습니다.
	확신을 가졌습니다.	믿음이 생겼습니다. 자신감을 얻었습니다.	– 저의 미래에 확신을 가질 수 있었습니다.
	흥미로웠습니다.	관심을 가지게 되었습니다. 호기심을 느꼈습니다.	– 그 일을 계기로 디자인에 관심을 가지게 되었습니다.
	기뻤습니다.	즐거웠습니다. 재미있었습니다. 희열을 느꼈습니다.	– 예상치도 못한 큰 상을 받게 되어서 기뻤습니다. – 남자로서 엄청난 희열을 느꼈습니다.
	감동했습니다.	가슴에 와 닿았습니다. 코 끝이 찡했습니다.	– 특히 한 구절이 가슴에 와 닿았습니다. – 아버지의 편지에 코끝이 찡해졌습니다.
	흥분했습니다.	가슴이 뛰었습니다.	– 책을 읽는 내내 가슴이 뛰었습니다.
	좋아합니다.	사랑합니다. 존경합니다. 애착이 갑니다.	– 새로운 것을 배우는 것을 좋아합니다. – 저를 바른 길로 이끌어주신 어머니를 사랑하고 존경합니다. – 후배들에게 특히 애착이 갔습니다.

종류	대표 서술어	유사 서술어	예문
부정적	갈등했습니다.	흔들렸습니다. 망설였습니다. 고민했습니다.	– 국문학과 경제학 사이에서 갈등했습니다.
	혼란스러웠습니다.	확신을 가질 수 없었습니다.	– 가치관이 혼란스러워졌습니다.
	힘들었습니다.	행복하지 않았습니다. 괴로웠습니다. 절망했습니다.	– 어린 시절은 몹시 힘들었습니다.
	자신감을 잃었습니다.	열등감에 시달렸습니다.	– 실패를 겪은 후 자신감을 잃었습니다.
	안타까웠습니다.	가슴이 아팠습니다. 안쓰러웠습니다.	– 아버지의 뒷모습이 매우 안타까웠습니다.
	실망했습니다.	낙담했습니다.	– 저 자신에게 실망했습니다.
	방황했습니다.	마음을 다잡지 못했습니다.	– 입시에 실패한 후 한동안 방황했습니다.
	부끄러웠습니다.	고개를 들 수 없었습니다.	– 저의 이기적인 모습이 부끄러웠습니다.
중립적 (≒판단)	느꼈습니다.	~고 생각했습니다.	– 리더는 솔선수범해야 한다는 것을 느꼈습니다.

배우고 느낀 점 위주의 자소서 예문

2. 고등학교 재학기간 중 교내 활동을 배우고 느낀 점을 중심으로 3개 이내로 기술해 주시기 바랍니다. (1,500자 이내)

심리학학술동아리는 제 탐구심에 날개를 달아주었습니다. 스스로 주제를 정해 조사, 발표하면서 제가 원하는 주제를 책, 다큐멘터리, 논문 등 다양한 자료를 이용해 탐구하고 친구들과 나눌 수 있었습니다. 가장 기억에 남는 발표는 인지심리학에 관한 발표였습니다. 생각해본 적 없었던 지각경로나 정보처리모형이 신기했고, 당연하다고 느끼는 것들에 의문을 가지는 것이 심리학을 연구하는 기본자세라는 것을 느꼈습니다. 또한, 인지심리학과 언어학, 신경과학 등이 결합한 인지과학을 살펴보면서 심리학이 인문사회와 과학을 연결하는 다리라는 것을 실감했고, 심리학의 융합성에 매료되었습니다. 고정관념과 편견에 대한 탐구도 흥미로웠습니다. 한국사회 및 성격심리학회 동계학술대회에서 적극적 조치에 대한 발표를 들은 후 편견에 관심이 생겼고, 동아리에서 발표한 뒤에도 관심이 사라지지 않아 탐구를 지속했습니다. 그 과정에서 사람들은 자신만의 고정관념, 프레임을 가지고 세상을 해석한다는 것을 알게 되었고, 종교 갈등 같은 현대사회의 대립은 결국 상대방의 프레임을 이해하지 못해서 일어난다고 생각했습니다. 그래서 편견을 해소하면 갈등도 해소될 수 있다는 생각으로 집단 간 접촉 같은 편견 해소방안을 탐구했고, 실제사례도 조사하여 보고서를 작성해 보고서대회 최우수상을 받았습니다. 앞으로도 현실과의 끈을 놓지 않으며 심리학 탐구를 지속하고 싶습니다.

색깔이 다르게 표시된 부분은 생각과 느낌을 나타낸다. 대부분의 학생들이 '~를 배웠습니다. ~를 깨달았습니다.'와 같이 한정된 서술어만 사용하는 반면 위 학생은 '신기했습니다, 느꼈습니다, 실감했습니다, 매료되었습니다.' 등 다양한 서술어를 사용하고 있다. 검은 색 부분을 에피소드로, 색깔이 다른 부분을 생각과 느낌으로 본다면 말 그대로 1등급 한우 등심처럼 적절하게 마블링 되어 있다.

위 학생은 결국 수시로 서울대 심리학과에 합격했다. 서울대를 지원할 정도의 학생이라면 당연히 교과성적도 우수하고 비교과 스펙도 풍부했을 것이다. 하지만 위 학생은 스펙을 자랑하고 싶은 욕구를 자제하고 배우고 느낀 점 위주로 인간미가 느껴지는 자소서를 썼다는 점에서 모범적인 사례로 꼽고 싶다.

참고 유웨이닷컴 유사도 검사 시스템 유사도 문장 톱10

1. 도움을 줄 수 있는 사람이 되고 싶습니다.

2. 청소년들에게 도움이 될 수 있도록 노력할 것입니다.

3. 자신의 목표를 이룰 수 있다는 것을 깨닫게 되었습니다.

4. 훌륭한 교사가 될 수 있도록 노력할 것입니다.

5. 노력하면 좋은 결과를 얻을 수 있다는 것을 알게 해주었습니다.

6. 더 좋은 결과를 얻을 수 있다는 것을 새삼 느끼게 되었습니다.

7. 능력을 향상 시킬 수 있게 되었습니다.

8. 그 속에서 많은 것을 배울 수 있었습니다.

9. 생각해 볼 수 있는 계기가 되었습니다.

10. 큰 도움이 될 것이라고 생각합니다.

자료출처: http://www.veritas-a.com/news/articleView.html?idxno=44253

여러분의 동네에 '시우버거'라는 햄버거 가게가 생겼다. 직원모집 전단지는 다음과 같다.

〈시우버거 정직원 모집〉

시우버거에서 함께 일할 가족 같은 직원을 다음과 같이 모집합니다.

1. 학력: 고졸 이상
2. 연봉: 3000+α
3. 근무시간: 월~금, 오전 9시~오후 6시(야근: 시급기준 2배 지급)
4. 휴가: 연간 15일 보장
5. 제출서류: 고등학교 생활기록부, 자소서, 원동기면허(배달직)
6.기타: 용모단정, 신앙인 우대합니다.

연락처: 010-XXX-XXXX

근무조건을 보니 공무원이 부럽지 않다. 대신 경쟁도 치열하다. 면접날 가보니 동네 친구들은 다 모여 있다. 그중에 반가운 얼굴도 있다. 고등학교 때 친했던 '김광탈'이라는 친구다. 스펙도 여러분과 비슷하다. 아니, 오히려 조금 낮다. 어떻게 하면 여러분은 광탈이를 제치고 시우버거에 합격할 수 있을까?

면접을 보기 전

여러분은 면접 대기실에 앉아 초조하게 차례를 기다리고 있다. 2명씩 짝지어서 들어가는데 하필 광탈이랑 같은 조가 되었다. 광탈이는 편한 표정으로 스마트폰 게임에 집중하고 있다. 광탈이가 게임을 할 동안 여러분은 곰곰이 생각해 본다. '내가 사장님이라면 지원자에 대해서 무엇이 궁금할까? 햄버거 가게를 차린 목적이 돈을 버는 거니까 내가 가게의 매출을 올리는데 도움이 되는 사람인지 궁금하겠지. 그럼 어떤 사람이 가게의 매출을 올리는데 도움이 될까? 손님들이 만족할 수 있는 맛과 서비스를 제공하는 사람이겠지. 어떤 사람이 손님들이 만족할 수 있는 맛과 서비스를 제공할 수 있을까? 일단 햄버거를 맛있게 만들 수 있어야겠지. 하지만 아무리 맛이 좋아도 직원들이 게을러서 매장이 지저분하거나 표정과 말투가 불친절하면 안 되겠지. 그래, 햄버거 가게에 필요한 직원은 요리 잘 하고 부지런하고 친절한 사람이야. 최대한 내가 그런 사람이라는 것을 어필해야겠어. 그리고 용모단정과 신앙인우대라고 했지? 옷은 깔끔하게 입고 왔으니까 됐고 예전에 친구 따라서 교회 봉사활동 간 이야기도 좀 해야겠어. 그 뒤로 안 가긴 했지만 지금 그런 거 따질 때가 아니지. 부모님이 엄격하셔서 예의가 바르다는 점도 말해야겠어. 예의 바른 사람을 싫어하는 사람은 없을 테니까.'

첫 번째 질문

드디어 여러분과 광탈이가 면접실로 들어갔다. 시우버거의 창업주이자 아주 잘생기고 멋있으신 안시우 사장님께서 가죽의자에 앉아서 질문을 한다.

"반갑습니다. 음~ 서류를 보니 두 분 다 성적은 비슷하군요. 한번 여러분의 고등학교 때 이야기를 해 주시겠어요? 열심히 공부한 경험이라든지, 힘든 일이 있을 때 어떻게 극복했는지 그런 거 위주로요."

기다렸다는 듯이 광탈이가 대답한다.

"고등학교 1학년 때 수학이 4등급이었습니다. 그래서 우선 EBS 강의를 들었습니다. 또한 매일 오답노트를 작성해서 10문제씩 암기했습니다. 그 결과 2학년 때는 2등급으로 향상되었습니다."

사장님은 잠시 생각한다.

'내가 알고 싶은 건 이런 게 아니야. 등급은 지원 서류에 다 나와 있는 건데. 더구나 매일 오답노트를 작성해서 10문제씩 암기했다는 것은 조금 과장이 섞여 있는 것 같아. 다른 과목도 공부해야 하는데 현실적으로 그럴 시간이 있었을까? 그러고 보니 먼저 온 지원자들도 다 비슷하게 대답했어. 요즘 젊은이들은 모범 답안을 외워서 오는 것 같군.'

다음으로 여러분이 대답한다.

"사회과목, 그 중에서도 특히 경제를 좋아해서 경제 동아리에서 활동하며 경제 신문을 구독했습니다. 경제 용어는 신조어가 많기 때문에 교과서에서 배운 개념만으로는 경제 신문을 이해하기 힘들었습니다. 그래서 어렵거나 새로운 용어는 신문을 스크랩해서 정리하고 모르는 단어가 나올 때마다 '경제학 용어 사전'을 찾아보았습니다. 경제 공부를 하다 보니 자연스럽게 인접학문인 경영학에도 관심을 가지게 되었습니다. 특히 서비스업에 있어서의 '인적 자원 개발'에 흥미를 느끼고 관련 논문을 읽었습니다. '점진적 변화 관리' 이론에 따르면 관점의 변화가 중요하다는 점을 깨달았습니다."

"점진적 변화 관리에 대해서 좀 더 자세하게 말씀해주실 수 있나요?"

"전략적 변화를 추구할 때 직원들의 관점을 바꾸는 것입니다. 예를 들자면 햄버거를 판매할 때도 기존의 '고객 관리'에서 '고객 감동'으로 전략을 바꾸면 판매자의 입장이 아닌 고객의 입장에서 생각할 수 있도록 직원들의 관점을 바꿀 수 있습니다."

사장님은 속으로 생각한다.

'이것 봐라? 다른 지원자들하고는 약간 다른 걸? 설정해 온 티가 나는 건 사실이지만 최소한 내가 무슨 대답을 원하는지는 정확히 알고 있군. 자신이 좋아하는 과목을 열정적으로 파고든 걸 보니 일도 열심히 할 것 같아. 이렇게 서비스업에 대해서 전문적인 지식을 가지고 있고 고객의 입장에서 생각할 줄 아는 사람이라면 나중에 매장 관리를 맡겨도 되겠어.'

두 번째 질문

"고등학교 기간 중 여러분에게 가장 의미가 있었던 교내활동을 3가지 이내로 말해주세요."

이번에도 광탈이가 먼저 나선다.

"고등학교 1학년 때 족구반에 들어가서 열심히 운동을 했습니다. 그 때 쌓은 체력을 바탕으로 2학년 때는 과학탐구반에서 실험을 하고 진리를 탐구했습니다."

사장님은 속으로 생각한다.

'뭐지? 하나같이 우리 가게랑은 상관없는 활동들이잖아? 일하다 말고 족구할건가? 설마 음식을 가지고 실험을 하진 않겠지? 꼭 우리가게와 관련이 있는 활동이라고 못을 박아줘야 알아듣나? 1학년 때 쌓은 체력을 바탕으로 2학년 때 과학탐구반 활동을 했다는 것도 억지스러워. 더구나 활동들이 추상적이어서 구체적으로 무슨 활동을 했는지 전혀 알 수가 없군. 가장 큰 문제는 활동을 통해서 무엇을 배우고 느껐는지, 또 그것이 우리가게에서 일하는데 어떤 도움이 되는지 전혀 드러나지 않는 다는 점이야. 내가 알고 싶은 것은 하나도 없으니 들으나 마나한 답변이군.'

다음으로 여러분이 대답한다.

"1학년 때 쿠키반에서 쿠키를 만들며 요리에 관심을 가지게 되었습니다. 남자이면서 도 쿠키반에 가입한 이유는 예전에 교회에서 양로원 요리 봉사활동을 할 때 제가 서 툴게 만든 쿠키를 맛있게 드시는 할아버지, 할머니들을 보면서 더 맛있게 만들어 드 리고 싶었기 때문입니다. 밀가루는 다 똑같은 줄 알았는데 빵을 만들 때는 강력분을 쓰고 쿠키를 만들 때는 박력분을 쓴다는 사실을 알게 되어 흥미로웠습니다. 초코칩 쿠키, 아몬드 쿠키 등 다양한 쿠키를 만들어서 교무실의 선생님들께 나누어 드리기도 했습니다. 맛있게 드시는 모습을 보고 제가 먹는 것보다도 마음이 뿌듯했습니다.

2학년 때는 녹색 환경단 활동을 하면서 주변을 청결히 유지하는 습관을 가지게 되 었습니다. 일주일에 한 번씩 아침 7시 반까지 학교에 와서 운동장과 교문 주변의 쓰 레기를 주웠습니다. 처음에는 어차피 또 더러워질 거 이렇게 해서 뭐하나 하는 회의 감도 들었지만 손이 가는 만큼 깨끗해지는 학교 환경을 보면서 보람을 느끼게 되었 습니다. 무엇보다도 제 자신이 치우는 사람의 입장을 경험했기 때문에 쓰레기를 함 부로 버리지 않게 되었고 주변에 어질러진 것을 보면 제가 한 것이 아니더라도 바로 정리하는 습관을 들이게 되었습니다.

또 3학년 때 학교 축제에서 행사 도우미 활동을 하며 친절과 봉사의 정신을 가질 수 있었습니다. 밀려드는 외부 손님들에게 일일이 행사장과 좌석을 안내하느라 정작 저 자신은 축제를 즐길 여유가 없었습니다. 하지만 어떤 학부모님께서 저에게 음료수 를 건네시며 "학생 더운데 힘들지? 좀 쉬엄쉬엄 해"라고 말씀해 주셔서 피로를 잊고 더욱 정성을 다해 도우미 활동을 할 수 있었습니다. 그 때의 경험을 통해 마음에서 우러나오는 친절은 분명히 상대방에게 전달되고 자기 자신에게도 돌아온다는 사실을 알게 되었습니다."

사장님은 속으로 생각한다.

'바로 이 친구야! 내가 찾던 직원은! 요리에도 관심이 많은 것 같고 노인들을 공경하는 걸 보니 윗사람에 대한 예의도 있는 거 같아. 정리 정돈하는 습관은 우리 같은 패스트푸드점에서는 필수적이지. 옷차림도 깔끔하고 친절하기까지 하니 햄버거 가게 직원으로서 더 바랄 나위가 없겠어. 더구나 쿠키에 관심을 가지게 된 계기를 보니 교회도 다니는 것 같군. 하느님 이런 인재를 보내주셔서 감사합니다. 아멘.'

세 번째 질문

"고등학교 때 주위 사람들을 배려하고 무언가를 나누거나, 협력하고 갈등을 관리한 경험을 말해주세요."

역시 광탈이가 먼저 달려든다.

"2학년 때 봉사동아리를 이끌며 장애인 시설에서 봉사활동을 했습니다. 처음에는 다들 귀찮다고 가기 싫어했지만 저는 열심히 친구들을 설득해서 1학기 동안 30시간의 봉사활동 시간을 채웠습니다. 이러한 리더십을 바탕으로 시우버거를 세계 최고의 패스트푸드점이 될 때까지 이끌고 싶습니다."

사장님은 생각한다.

'사회성을 보고 싶다고 했지 누가 리더십을 보고 싶다고 했나. 처음엔 적극적이어서 좋을지 몰라도 경력이 어느 정도 되면 독불장군처럼 아래 직원들을 휘어잡으려고 들겠어. 더구나 친구들을 어떻게 설득했는지 구체적인 과정이 전혀 나와 있지 않군.

내가 알고 싶었던 것은 마음이 얼마나 따뜻한 사람인지, 다른 사람을 얼마나 배려할 줄 아는지, 문제가 발생하면 얼마나 원만하게 해결하는지였는데 말이야.'

다음으로 여러분이 대답한다.

"3학년 때 전신 장애가 있는 친구의 도우미 활동을 하며 나눔과 배려의 정신을 기를 수 있었습니다. 선천적인 근육 무력증으로 스티븐 호킹 박사처럼 전동휠체어를 타고 다니는 친구였는데 화장실을 갈 때마다 저의 도움이 필요했습니다. 저도 수능이 얼마 남지 않았기 때문에 친구를 데리고 화장실에 가는 시간이 아까웠습니다. 제가 다녀오는 동안 선생님의 중요한 설명을 놓쳐서 중간고사에서 문제를 틀린 적도 있었습니다. 그런 일이 몇 번 반복되자 친구가 화장실에 가자고 하면 저도 모르게 인상을 찡그리게 되었습니다. 그 순간 몹시 미안해하는 친구의 표정을 보며 제가 큰 실수를 했다는 사실을 깨달았습니다. 제가 그 친구의 입장이었다면 저에게 얼마나 미안하고 눈치가 보일까, 화장실에 가고 싶어도 얼마나 참았다가 말하는 것일까 하는 생각이 들었습니다. 그 뒤로는 귀찮은 내색을 하지 않고 친구가 화장실에 가고 싶은 기색을 보이면 '공부하느라 머리 아픈데 바람이나 쐬러가자'고 제가 먼저 말하게 되었습니다. 친구도 이런 제 마음을 알아주었는지 졸업할 때 고맙다는 편지를 써주었습니다. 알아볼 수 없을 정도로 엉망인 글씨였지만 불편한 몸으로 그 편지를 쓰느라 고생했을 것을 생각하니 가슴이 울컥했습니다. 이 일을 계기로 다른 사람을 도와줄 때는 즐거운 마음으로 해야 한다는 점을 깨달았습니다. 마음에서 우러나오는 봉사는 친구보다 저 자신을 먼저 변화시켜 주었습니다."

"혹시 주변 사람들과 갈등을 빚은 적은 없었나요?"

"2학년 때 학생회장이 되어 축제 준비를 할 때 임원들과 갈등을 겪은 적이 있습니다. 가요제를 두고 저는 외부 손님들도 오셔서 보시는 행사이니만큼 오디션을 통해서 수준이 떨어지는 팀은 걸러야 한다고 말했습니다. 또 너무 가요 쪽으로만 쏠리지 않도록 가요, 댄스, 개그 등 코너 별로 인원제한을 두어서 골고루 신청 받아야 한다고 주장했습니다. 그러나 친구들은 '우리끼리 즐기는 축제인데 그렇게 하면 부담스러워서 참여율이 떨어질 것이다. 우리가 뭔데 친구들 공연을 심사하느냐, 코너 별로 인원제한을 두면 잘하는 아이들을 자를 수밖에 없어서 더 손해다'라며 제 말에 반발했습니다. 친구들의 주장도 일리가 있는지라 제 주장만 고집하지는 않고 함께 머리를 맞대고 고민했습니다. 회의 결과 일단 전체적으로 오디션을 보되 수준이 많이 떨어지는 참가자는 축제 전까지 한 번 더 재도전의 기회를 주기로 했습니다. 또 코너별로 참가자를 받고 부족한 인원은 추가 홍보를 통해서 충원하기로 했습니다. 그 결과 전체적인 공연의 수준이 지난해보다 업그레이드 되었고 코너도 풍부해져서 선생님과 친구들의 호평을 들을 수 있었습니다. 그 일을 통해서 갈등이 생겼을 때는 자신의 주장만 내세우지 말고 상대방의 주장도 귀담아 들어야 한다는 점을 배웠습니다. 또한 혼자 생각하기보다 여럿이 머리를 맞대고 고민하면 더 좋은 대안이 나올 수 있다는 사실도 깨달았습니다."

사장님의 안색에 화색이 돈다.

"두 분 다 수고 많으셨습니다. 합격 여부는 일주일 이내에 문자 메시지로 통보가 갈 것입니다."

면접이 끝난 후

면접이 끝나고 여러분은 광탈이와 식사를 하러 간다. 광탈이가 묻는다.

"야 너 언제 그렇게 말이 늘었냐? 사장 표정 보니 나는 아무래도 틀린 것 같다."

"둘이 같이 합격할 수도 있지. 너무 걱정 마."

"근데 뭐 하나만 물어보자. 1번째 질문에서 논문을 읽었다느니, 전략적 변화가 어쩌고 하는 것은 솔직히 좀 오버 아니야? 학생이면 학생답게 국영수사과 공부한 얘기하는 게 맞는 거지."

"물론 그렇게 생각할 수도 있지. 근데 나는 남들 다 하는 것만 이야기해서는 내가 시우버거에 적합한 인재라는 걸 입증할 자신이 없었어. 사실 '점진적 변화 관리'는 면접 오기 전에 공부해서 간 거야. 일종의 함정 파기지."

"함정 파기?"

"응, 면접기술인데 일부러 약간 불완전한 정보를 제공해서 상대로부터 추가 질문을 유도하고 미리 준비해간 완벽한 답변을 하는 것을 말해."

"이야, 대단하다 대단해. 근데 2번째 질문에서 너처럼 꼭 3개 다 말해야 하는 거니? 난 할 말이 없어서 2개만 말했는데."

"3개 이내라고 했지만 기왕이면 3개를 다 말해주는 게 좋지. 개수 제한을 둔다는 건 중요한 것만 선별해서 답하라는 의미니까. 물론 정 에피소드가 없으면 2개만 말할 수도 있어. 하지만 이럴 때는 일종의 딜(deal)을 해야 돼. 사실 3개를 말할 수 있는데 2개만 말하는 것은 상당한 불이익을 감수하는 것이거든. 자신을 어필할 수 있는 기회를 하나 포기하는 거니까. 그럴 때는 그 손실을 상쇄하고도 남을 만큼의 메리트가 있어야 해. 즉 포기한 에피소드로부터 가져온 분량을 다른 두 에피소드에 분배해서 좀 더 구체적이고 인상 깊게 자신을 어필해 주어야겠지. 그럴 자신이 없으면 3개를 다 말해주는 것이 좋아."

"음 그렇구나. 햄버거 가게 직원 되기 참 힘드네. 그러고 보니 너 교회도 다녔었어? 무교 아니었니?"

"예전에 잠깐 다니다가 지금은 안 다녀. 근데 모집 공고 보니까 '신앙인 우대'라고 되어있더라고. 그건 기왕이면 자신과 코드가 맞는 사람을 뽑겠다는 의미거든. 이런 건 최대한 어필해 주어야겠지. 또 나는 어릴 때부터 어디를 가서도 예의바르다는 소리를 들었어. 이런 개인적인 장점은 꼭 말해주고 싶었어. 그래서 쿠키반에 들어가게 된 이유를 말할 때 교회에서 양로원 봉사활동을 간 이야기를 넣어준 거야."

"히야~ 기가 막히네. 그럼 에피소드는 어떤 기준으로 골랐어?"

"나는 사장님과 입장을 바꿔서 생각해 보았어. 그 결과 사장님이 원하는 직원은 요리에 관심이 많고, 부지런하고, 친절한 사람일 거라고 예상했지. 그래서 그 세 가지를 키워드로 삼아서 첫 번째 에피소드에서는 요리에 관한 이야기를 하고 두 번째 에피소드에서는 부지런함과 청결함을 이야기했어. 마찬가지로 세 번째 에피소드에서는 친절한 서비스 정신을 이야기했지. 이 세 가지가 다 어우러져야 수많은 지원자 중에서 날 뽑아주지 않겠니?"

"마지막으로 하나만 더 물어볼게. 3번째 질문에서 꼭 배려, 나눔, 협력 이런 것만 말해야 돼? 기왕이면 리더십이나 창의력 이런 것도 말하면 더 좋지 않아?"

"물론 장점이야 많으면 많을수록 좋지. 그런데 먼저 질문의 의도를 생각해야 돼. 3번째 질문은 지원자의 사회성이나 공동체 의식, 즉 능력적 장점보다는 인성적 장점을 묻는 거야. 리더십이나 창의력보다 정직성, 예절, 효성 이런 걸 강조하는 게 더 낫다는 거지. 최대한 따뜻한 사람이라는 인상을 주어야 하거든."

"너한텐 내가 두 손 들었다. 나중에 감자튀김 많이 줘야 한다? 한 수 배웠으니 오늘 밥값은 내가 쏜다."

며칠 뒤 여러분의 휴대폰으로 문자가 한 통 온다.

"축하드립니다. 귀하께서는 시우버거의 정직원으로 채용되셨음을 알려드립니다."

햄버거와 자소서의 평행이론

여러분이 시우버거에 합격할 수 있다면 원하는 대학에도 충분히 합격할 수 있다. 둘의 전략이 똑같기 때문이다. 자신을 효과적으로 소개하기 위해서는 우선 상대방의 입장에서 상대방이 원하는 것이 무엇인지를 파악해야 한다. 햄버거와 자소서를 평행이론으로 살펴보면 다음과 같다.

햄버거	자소서
용모단정, 신앙인	대학이 원하는 인재
요리, 부지런, 친절	학과의 핵심가치
예의	자신의 특장점

이번 햄버거 이야기 속에 자소서의 거의 모든 것이 담겨있다. 여러분의 자소서가 시우버거에 합격할 수 있을 정도라는 판단이 들면 당장 대학에 제출해도 좋다. 하지만 여러분의 자소서가 광탈이와 다를 바가 없다는 판단이 들면 처음으로 돌아가서 다시 써야 한다. 그럼 구체적으로 어떻게 써야 할까? 제2장에서 합격하는 자소서가 갖추어야 할 모든 요건을 'PERSUADE 전략'을 통해서 알아보자.

합격 수기

안녕하세요! 기억하실지 모르겠지만 예전에 동국대 합격으로 메일 드렸던 김○○ 학생입니다.

이번에도 좋은 소식 또 전해드리려고 메일 드립니다.

제가 3차 충원합격으로 건국대 상경대학에 추가합격 되었습니다!! ㅎㅎ

2차가 면접 100%이긴 했지만 시우쌤의 도움을 받은 자소서 덕분에 1차를 합격하고 면접을 볼 수 있었습니다.

결론적으로 전 교통을 고려해서 동국대를 포기하고 건국대 상경대학으로 확정지었습니다.

시우쌤 덕분에 인천대를 포함해서 강원대, 동국대, 건국대까지 총 4관왕을 했네요 ㅎㅎ (1차는 인천대를 포함해서 충남대, 경기대, 강원대, 동국대, 건국대 6관왕입니다!!)

저번에 메일을 보니까 책을 쓰고 계신다고 알고 있습니다. 잘 마무리하시고 많은 입시생, 수험생들에게 교과서로 읽혔으면 좋겠습니다!

본격적인 겨울이 다가왔습니다. 감기 조심하시고 만수무강하세요!!

_건국대, 동국대, 강원대, 인천대 합격 김○○

02 PERSUADE 전략으로 입학사정관을 설득하라

자소서는 입학사정관을 설득(persuade)하는 글이다

1 Purpose: 목적에 맞게 쓰기

잔인한 9월, 자소서를 구해줘

여러분이 이 글을 읽을 때는 수시 접수가 한창이거나 마무리 될 시점일 것이다. 여름방학 내내 머리를 싸매고 자소서를 쓰긴 했지만 불만족스러운 학생도 있을 것이고, (놀랍게도!) 아직 시작조차 하지 않은 학생도 있을 것이다. 당장 며칠 뒤에 서류를 제출해야 하는데 담임선생님 앞에 늘어선 첨삭라인은 줄어들 기미가 보이지 않는다. 지푸라기라도 잡는 심정으로 인터넷을 검색하거나 선배들에게 조언을 구해도 '자소서는 이렇게 써라' 하고 구체적인 방법을 알려주는 사람은 없다. 단 한사람만 빼고.

합격 자소서의 비밀을 공개하다

나는 입학사정관 전형이 도입된 이래 지금까지 약 1000편 정도의 자소서를 첨삭했다. 대형입시학원이 아닌 개인으로서는 아마 가장 많은 사례일 것이다. 특히 내신의 불리함을 뒤집고 입학사정관(학생부종합)전형으로 상위권 대학의 합격을 거머쥐는 학생들을 보면서 합격자소서에는 진솔한 내용뿐만 아니라 그것을 효과적으로 표현하는 기술적인 패턴이 존재함을 알게 되었다. 지금부터 알려줄 정보는 입시전문카페 '입술자국(www.kysmark.com)'의 오프라인 특강에서만 공개되었던 비밀 노하우들이다. 이것만 잘 활용해도 여러분의 자소서가 200% 이상 좋아진다고 확신한다.

* 네이버카페 '입술자국(www.kysmark.com)'에 가입해서 본 책을 구입한 인증샷을 올리면 특별회원으로 등업된다. 특별회원이 되면 작년도 자소서 합격예문을 볼 수 있을 뿐만 아니라 자소서 1일 특강 참가, 워크시트 양식 제공 등 막대한 혜택이 주어진다. 마다할 이유가 있겠는가?

합격 자소서 VS 불합격 자소서

내가 즐겨보는 오디션 프로그램은 'K팝스타'다. 지원자들이 다들 가수 뺨치게 노래를 잘 함에도 불구하고 누구는 붙고 누구는 떨어진다. 그 이유는 무엇일까? 성량이 풍부해서? 고음이 높이 올라가서? 정답은 '심사위원 마음대로'이다. JYP에 뽑히기 위해서는 '공기 반 소리 반'으로 '말 하듯이' 노래를 불러야 한다. 아무리 성량이 비욘세 뺨치게 풍부하고 고음이 머라이어 캐리보다 높이 올라가도 이게 안 되면 탈락한다.

자소서도 마찬가지다. 입학사정관의 눈에 들기 위해서는 일방적으로 자기 자랑만 해서는 안 된다. 화려한 스펙만 자랑하는 것은 마치 JYP 앞에서 '저 이렇게 성량이 풍부해요. 저 이렇게 고음이 높이 올라가요' 하고 자랑하는 것이나 마찬가지이다. 자소서를 쓸 때는 먼저 지원하는 대학과 학과에서 어떤 인재를 원하는지 분석해야 한다. 그것이 바로 UDT 분석이다.

죽은 자소서 살리는 UDT 분석

UDT 분석이란 '대학(University), 학과(Department), 특장점(Talent) 분석'의 머리글자를 딴 것이다. 즉 지원 대학에 합격하기 위해서는 먼저 그 대학(University)에서 어떤 인재를 원하는지, 그 학과(Department)에서 어떤 인재를 원하는지, 남들과 차별화되는 자신만의 특장점(Talent)이 무엇인지를 철저하게 분석해야 한다. 그리고 그러한 정보를 바탕으로 자신을 어필할 수 있는 '키워드'를 정해서 그것을 입증하는 구체적인 에피소드를 제시해야 한다.

 '키워드'란 지원 대학과 지원 학과에서 요구하는 장점, 가치, 덕목, 인재상 등을 말한다. 흔히 '자소서는 분명한 콘셉트를 잡고 써야 한다.'고 말한다. 콘셉트란 곧 자신을 한마디로 설명할 수 있는 키워드를 말한다. 즉 콘셉트를 잡고 쓴다는 말은 키워드를 설정하고 그것을 입증하는 방식으로 쓰는 것을 말한다. 예를 들어 UDT 분석을 고려대 국어교육과에 적용하면 다음과 같다.

[고려대/국어교육과]

UDT 분석	키워드
U분석 (University)	성실성, 리더십, 공선사후, 창의성
D분석 (Department)	국어사용능력, 희생정신, 교수능력
T분석 (Talent)	집중력, 창의력, 대인관계

 위 표는 일종의 키워드 풀(pool)이다. 자소서에 쓸 키워드는 이 표 내에서 선정한다. 물론 선정된 키워드는 고정불변의 것이 아니라 얼마든지 융통성 있게 수정될 수 있다. UDT 분석과 키워드 선정은 합격 자소서를 작성하는 가장 기본적인 단계이다. 키워드는 자소서가 향하는 '목적지'이다. 키워드 없이 자소서를 쓰는 것은 네비게이션 없이 낯선 길을 찾아가는 것과 다름없다.

UDT 분석 브레인스토밍
 남들과 차별화된 자소서를 쓰기 위해서는 단순히 인재상 분석에 머물러서는 안된다. 차별화된 자소서의 비밀은 철저한 자료수집에 있다. 쓸 수 있는 소재는 모두

수집해서 활용해야 한다. 다음 워크시트에 따라 UDT 분석을 하면 쓸거리를 무궁무진하게 생성할 수 있다.

(1) U분석 워크시트

(2) D분석 워크시트

(3) T분석 워크시트

에피소드로 증명하라

'에피소드'란 특정한 시간과 장소가 있는 구체적인 경험을 말한다. '저는 봉사정신이 뛰어납니다'는 추상적인 진술이지만 '저는 고등학교 2학년 때 쓰레기를 줍는 할머니의 리어카를 밀어드린 적이 있습니다'는 구체적인 에피소드이다. 합격하는 자소서는 추상적인 진술이 아닌 구체적인 에피소드로 이루어져 있다. 하지만 같은 에피소드도 어떻게 쓰느냐에 따라 그 결과는 전혀 달라진다. 다음 학생 A와 학생 B의 자소서를 읽고 어느 쪽이 붙고 어느 쪽이 떨어졌을 지 생각해 보자.

학생 A와 학생 B의 엇갈린 운명

[학생 A]

2. 고등학교 재학기간 중 교내 활동을 배우고 느낀 점을 중심으로 3개 이내로 기술해 주시기 바랍니다.

경제동아리 간부 활동을 하면서 후배들의 성장 모습을 지켜보는 즐거움에 푹 빠졌습니다. 특히 언어사용 방식의 변화만으로도 선배들과 소통하는 스킬이 급격히 향상된 후배들을 보면서 사소한 일만으로도 사람이 인격적으로 성장할 수 있다는 생각이 들었습니다. 제가 떠올렸던 성장에 관한 생각이 학문적으로 어떻게 불리는지 궁금했습니다. 국회전자도서관에서 성장을 키워드로 논문을 찾아보면서 제가 품었던 호기심이 인적자원개발과 교육학에 관련되었다는 사실을 알았습니다. 그동안 교육학이라 하면 학교 현장에서 각 과목별 교수법만을 다루는 학문인 줄 알았는데 교육학이 인간의 성장에 대한 근원적 고찰까지도 다룬다는 점이 상당히 매력적이었습니다. 교육학에 대한 추상적인 관심은 경제교육박람회 참가라는 현실적인 활동으로 이어졌습니다. 박람회 활동을 하면서 최재천 교수님의 인간의 유전적 성장과 교육이란 강연에 큰 인상을 받았습니다. 교수님의 강연에서 사람마다 각기 다른 뇌세포의 형질에 따라 후천적 교육의 영향을 받는 성장 기점이 다르게 판별된다는 사실에 주목했습니다. 이때 제가 배웠던 생명과학 지식과 성장에 대한 생각을 연관지어보면서 개인의 과학적 행동패턴에 따라 각기 다른 경제학습방법을 적용하는 새로운 교육모델을 고안해보았고, 이는 우리 동아리가 경제교육 우수동아리로 지정되는데 원동력이 되었습니다. 이런 활동을 하면서 교육학이 사회과학과 자연과학의 속성을 통합적으로 가지고 있는 풍부한 학문이란 생각이 들었습니다. 이를 계기로 교육학에 더 큰 관심을 가졌고 그동안의 생각을 학생이 바라본 교육학의 본질이란 주제로 교내 천일기념논술대회에 논설문으로 적어내서 대상(1위)을 수상하는 성취를 이루어내기도 했습니다.

[학생 B]

2. 고등학교 재학기간 중 교내 활동을 배우고 느낀 점을 중심으로 3개 이내로 기술해 주시기 바랍니다.

〈현실상의 이상실현〉

2학년 때 수준별 교육 시스템을 만들며 이상(理想)도 현실화가 가능하다는 점을 깨달았습니다. 기존의 경제 동아리 교육 시스템은 학생들의 개인차를 고려하지 못해서 많은 학생들이 중도에 탈락했습니다. 저는 개인별 수준차를 고려한 교육 시스템이 필요하다고 생각했지만 다른 부원들은 교과서에나 나오는 이상적인 말이라며 회의적이었습니다.

저는 '이론적 기반 → 현실적 추진'이라는 나름의 문제 해결 원칙에 따라 우선 국회전자도서관에서 교육학 논문을 찾아보았습니다. 이경하 박사님의 '수준별 맞춤학습에 주목한 교육설계'라는 논문을 읽고 수준별 교육 시스템을 구축하기 위해서는 먼저 개인별 학업 수준을 정확히 진단할 수 있는 도구가 필요하다는 것을 알게 되었습니다. 그래서 부경대학교 교수님께 자문을 구하면서 학습자의 수준을 수치화할 수 있는 종합 질문지를 만들었습니다. 또한 사회 선생님께 교육경영 전공서적을 빌려서 멘토와 멘티가 면대면으로 소통할 수 있는 분단별 학습 시스템을 고안했습니다. 부족한 교육 교재는 한국경제교육협회와 자매결연을 맺어서 무상으로 지원받았습니다.

그렇게 한 달간 노력한 결과 학생의 개인별 수준차를 고려한 경제교육 시스템을 만들어냈고 중도 탈락자가 기존의 26명에서 3명으로 줄어들었습니다. 이 일을 통해 진심으로 목표에 확신을 가지고 도전하면 이상도 현실화할 수 있다는 자신감을 얻었습니다. 또 큰 목표일수록 계획을 세워서 한걸음씩 접근해야 한다는 사실도 깨달았습니다.

공교롭게도 둘 다 경제동아리에 관련된 에피소드를 선택했다. 우선 학생 A의 자소서는 단락 나누기도 안 되어있고 문장이 지나치게 길다. 읽으면서도 내가 지금 무슨 내용을 읽고 있는 것인지 알 수 없다. 반면 학생 B의 자소서는 소제목이 있고 크게 3단락으로 구분되어 있다. 시각적으로 시원할 뿐 아니라 문장도 간결해서 읽기 쉽다. 결론은? 여러분의 예상대로 학생 A는 탈락했고 학생 B는 합격했다.

S라인 자소서가 섹시하다

충격적인 반전은 학생 A와 학생 B가 동일인물이라는 점이다. 인문계 고등학교 평균 내신 1.23에 수능모의고사 전 영역 1등급을 맞을 정도로 우수한 학생이었던 A는 자신의 매력을 충분히 살리지 못한 자소서로 그 전해 입시에 실패했다. 재수를 하게 된 학생 A는 우연히 인터넷으로 내 자소서 칼럼을 읽고 1:1 코칭을 받게 되었다. 결국 학생 A는 연세대 교육학부에 당당하게 합격했다. 학생 B의 예문은 사실 학생 A가 썼던 합격 자소서이다. 이처럼 똑같은 학생이 쓴 자소서라고 하더라도 어떻게 쓰느냐에 따라 결과는 완전히 달라진다.

내가 자소서를 코칭할 때 가장 먼저 보는 것은 내용이 아니라 형식이다. 전체가 하나의 단락으로 되어 있는 I라인 자소서는 시각적으로 답답해서 읽기 힘들다. 반면 단락이 적절하게 구분된 S라인 자소서는 시각적으로 시원해서 읽고 싶은 마음이 절로 든다. 위 두 예문의 차이를 항목별로 비교하면 다음과 같다.

학생 A의 자소서	학생 B의 자소서
스펙나열식	에피소드식
길고 늘어지는 문장	짧고 간결한 문장
무슨 의미인지 알기 힘든 단락 구성	한 눈에 쏙 들어오는 단락 구성
소제목이 없어서 읽기 지루함	톡톡 튀는 센스 있는 소제목
지원 학과(교육학과)와 맞지 않는 에피소드	지원 학과(교육학과)에 맞는 에피소드
1단 구성(가독성 떨어짐)	3단 구성(문제-해결-결과)

에피소드를 블록처럼 쌓아라

학생 B의 자소서는 약 500자 에피소드 2개로 구성되어 있다. 하나의 에피소드를 500자 단위로 블록화해서 문항 당 2~3개의 블록으로 구성하는 방법은 자소서를 전혀 쓸 줄 모르는 학생들에게 내가 강력하게 추천하는 방법이다.

하나의 에피소드를 500자 안에 담을 수 있으면 1,000자나 1,500자를 쓰는 것도 어렵지 않다. 1,000자는 500자 블록 2개로, 1,500자는 500자 블록 3개, 또는 750자 블록 2개로 구성하면 된다. 간혹 하나의 에피소드를 1,000자나 1,500자로 쓰면 안 되냐고 묻는 학생도 있다. 물론 그렇게 해도 좋다. 하지만 대개의 경우 글이 길어지면 군더더기가 생기고 긴장감이 사라진다. 1,000자나 1,500자로 쓸 수 있는 글은 얼마든지 500자 이내로 압축할 수 있다.

1,500자를 요구하는 공통문항 2번은 1순위로 500자 에피소드 3개 구성을 추천한다. 그것이 어려울 경우 2순위로 750자 에피소드 2개 구성도 괜찮다. 위에서 학생 B의 예문은 750자로 작성된 2개의 에피소드 중 하나를 가져온 것이다. 이것을 주장-근거-깨달음의 순서에 따라 분석하면 다음과 같다. (*이러한 구조를 머리글자를 따서 '주근깨 구조'라고 한다. 주근깨 구조는 자소서에서 내용을 전개하는 가장 기본적인 패턴이다. 자세한 것은 〈4. System: 체계적으로 쓰기〉에서 설명하겠다.)

〈현실상의 이상실현〉	소제목	
2학년 때 수준별 교육 시스템을 만들며 이상(理想)도 현실화가 가능하다는 점을 깨달았습니다.	주장	
기존의 경제 동아리 교육 시스템은 학생들의 개인차를 고려하지 못해서 많은 학생들이 중도에 탈락했습니다. 저는 개인별 수준차를 고려한 교육 시스템이 필요하다고 생각했지만 다른 부원들은 교과서에나 나오는 이상적인 말이라며 회의적이었습니다.	문제	근거
저는 '이론적 기반 → 현실적 추진'이라는 나름의 문제 해결 원칙에 따라 우선 국회전자도서관에서 교육학 논문을 찾아보았습니다. 이경하 박사님의 '수준별 맞춤학습에 주목한 교육설계'라는 논문을 읽고 수준별 교육 시스템을 구축하기 위해서는 먼저 개인별 학업 수준을 정확히 진단할 수 있는 도구가 필요하다는 것을 알게 되었습니다. 그래서 부경대학교 교수님께 자문을 구하면서 학습자의 수준을 수치화할 수 있는 종합 질문지를 만들었습니다. 또한 사회 선생님께 교육경영 전공서적을 빌려서 멘토와 멘티가 면대면으로 소통할 수 있는 분단별 학습 시스템을 고안했습니다. 부족한 교육 교재는 한국경제교육협회와 자매결연을 맺어서 무상으로 지원받았습니다.	해결	
그렇게 한 달간 노력한 결과 학생의 개인별 수준차를 고려한 경제교육 시스템을 만들어냈고 중도 탈락자가 기존의 26명에서 3명으로 줄어들었습니다.	결과 (외적 변화)	
이 일을 통해 진심으로 목표에 확신을 가지고 도전하면 이상도 현실화할 수 있다는 자신감을 얻었습니다. 또 큰 목표일수록 계획을 세워서 한 걸음씩 접근해야 한다는 사실도 깨달았습니다.	깨달음 (내적변화)	

하나의 컨셉을 여러 단락으로 세분화하라

블록화 전략은 전혀 자소서를 쓸 줄 모르는 학생들을 위해 내가 개발한 모형이다. 매우 편리하지만 자칫 도식화될 수 있다는 위험성도 있다. "블록화 말고 다른 방식으로 쓰면 안 되나요?" 하고 묻는 것은 전혀 수영을 하지 못하는 사람에게 일단 물에 뜨라고 개구리헤엄을 가르쳐주었더니 "자유영이나 접영이나 배영은 안 되나요?" 하고 묻는 것과 같다. 물론 된다. 물에 떠서 목적지까지 갈 수만 있다면 개헤엄인들 어떠랴. 블록화 전략 이외에 내가 자주 쓰는 전략은 '하나의 컨셉을 여러 단락으로 세분화'하는 전략이다. 다음 예문을 보자.

[물리학과]

1. 고등학교 재학기간 중 학업에 기울인 노력과 학습 경험에 대해, 배우고 느낀 점을 중심으로 기술해 주시기 바랍니다.

저는 고등학교 3년 동안 자기 주도적으로 학습을 하며 중요한 삶의 법칙 3가지를 깨달았습니다.

첫 번째는 '역치의 법칙'입니다. 물리학에서 '역치'란 어떤 반응을 일으키는데 필요한 최소한의 자극을 말합니다. 2학년 때 수학 모의고사 등급이 거의 일 년째 2등급에서 변동이 없었습니다. 그래서 저는 9월 모의고사를 한 달 앞두고 과감하게 다른 과목을 접어두고 수학영역에만 집중했습니다. 매일 1회씩 기출 문제를 풀고 다음날 문제를 풀기 직전 전날 틀린 문제들을 검토하며 실수를 교정했습니다. 그렇게 평소보다 2배가 넘는 시간과 노력을 투자했을 때 9월 모의고사에서 비로소 수학영역의 역치를 넘고 처음으로 1등급을 받을 수 있었습니다.

두 번째는 '과부하의 법칙'입니다. 역도 동아리에서 중량훈련을 하다보면 한계점에 가로막힐 때가 있습니다. 그럴 때는 다소 과도한 부하를 걸고 보조를 받아야 한계점을 돌파할 수 있습니다. 예를 들어 80kg에서 막힐 때는 90kg으로 세팅하고 동료의 보조를 받아서 연습하면 나중에 혼자 힘으로도 가뿐하게 80kg을 들어 올릴 수가 있습니다. 공부도 마찬가지였습니다. 수학문제를 풀 때 제 실력보다 약간 어렵다고 생각되는 문제들을 저보다 실력이 뛰어난 친구의 도움을 받아서 해결했을 때 실력이 빠르게 향상될 수 있었습니다.

세 번째는 '관성의 법칙'입니다. 기존의 관성을 깨기 위해서는 일정기간 변화의 상태를 유지해서 또 다른 관성을 형성해야 합니다. 저에게는 그 기간이 2주였습니다. 새벽마다 수학을 공부하기 위해 5시 30분에 일어나는 일은 정말 고통스러웠습니다. 그러나 아무리 피곤해도 2주 동안 빠짐없이 5시 30분에 일어나자 어느새 습관이 되어 힘들지 않게 되었습니다. 그 후 공부뿐만 아니라 새로운 운동을 배우거나 다이어트를 할 때도 '관성의 법칙'을 지키면 바람직한 행동을 습관으로 정착시킬 수 있었습니다.

위 예문은 '물리법칙'이라는 하나의 컨셉을 세 단락으로 세분화했다. 여기서 말하는 '컨셉'이란 앞에서 말한 콘셉트(키워드)와는 약간 다른 개념으로 에피소드 전체에 통일감을 부여하는 상징물이나 규칙을 말한다. 지원 학과인 물리학과에 맞게 '역치의 법칙', '과부하의 법칙', '관성의 법칙' 등 학과전문용어를 사용한 점에 주목하자. 학과연관성은 어휘선택을 통해서도 얼마든지 드러낼 수 있다.

조사하면 다 나온다

　자소서는 내신이나 수능처럼 수치화된 스펙 이외에 자신만의 고유한 가치를 입증할 수 있는 유일한 수단이다. 따라서 최대한 정성을 들여 작성해야 한다. UDT 분석을 할 때도 지원 대학과 학과에 대한 자료조사는 필수적이다. 자료조사란 단순히 그 대학의 인재상이 무엇인지, 그 학과를 졸업하고 무슨 일을 하는지 정도만 조사하는 것이 아니다. 지원 학과의 4년간의 커리큘럼은 어떠한지, 언론을 통해 알려진 교수님은 없는지, 졸업한 선배 중에 유명인은 없는지, 대학 동아리는 어떤 것이 있는지, 외국학교 교환학생 제도는 있는지, 학과와 관련된 최신 뉴스는 무엇인지 등 가능한 한 많은 정보를 수집해야 한다. 다음은 '서울대 농경제학과'에 합격한 학생의 지원동기이다.

[서울대/농경제학과]

제가 농경제학과에 관심을 가지게 된 계기는 언뜻 농경제학과 전혀 관련이 없어 보이는 북한의 기아문제에 관한 기사를 접하면서부터였습니다. 매년 굶어죽는 사람이 수십만 명에 이르는 북한의 기아문제를 해결하기 위하여 서울대 농경제학과의 김순권 교수님께서 옥수수품종개량프로젝트를 추진하셨다는 기사를 보았습니다. 그때 농작물을 생산하고 판매하는 줄만 알았던 농경제학이 세계 기아문제해결에 기여할 수도 있다는 사실을 처음으로 알게 되었습니다. 평소 다른 사람들에게 봉사하는 삶을 살고 싶었던 저에게 농경제학은 전문적인 지식을 바탕으로 세계적인 경제활동에 참여하면서 자아성취도 이룰 수 있는 매력적인 분야로 다가왔습니다. 한편 한미 FTA가 체결되면서 농사를 포기하고 자식처럼 기른 농작물을 경운기로 갈아엎는 농부들의 사연을 접하고는 농촌문제는 단순히 '농업'뿐만 아니라 '경제'의 측면에서도 접근해야 한다는 점을 깨닫게 되었습니다. 이제 농업경제가 세계화되면서 한국 농업도 자급자족 체계에서 벗어나 세계적으로 무역을 해야 할 필요성은 더욱 커지고 있습니다. 이러한 측면에서도 농경제학은 국제적인 분야에서 활동하고 싶은 저의 희망에 부합합니다. 반드시 서울대 농경제학과에 입학하여 초심을 잃지 않고 봉사하는 마음으로 농업관련 산업분야에서 저의 꿈을 마음껏 펼치고 싶습니다.

위 자소서는 지원 대학과 지원 학과에 대한 철저한 자료 조사를 바탕으로 작성되었다. '점수에 맞춰서 어떻게든 서울대에 오고 싶어서' 혹은 '어릴 적 아버지가 농사를 지어서' 보다 구체적으로 자신의 지원동기와 포부가 드러나 있다.

4색 볼펜을 활용하라

자소서를 쓸 때는 항상 생기부를 옆에 두고 보면서 자소서에 활용할 수 있는 활동들을 체크하고 각 항목별로 분류해야 한다. 이때 4색 볼펜을 활용하면 편리하다. 예를 들어,

빨간색 – 학습 경험(1번 항목)

파란색 – 교내 활동(2번 항목)

검은색 – 공동체 활동(3번 항목)

초록색 – 자율문항(4번 항목)

이렇게 항목별로 색깔을 나누어서 체크하면 헷갈리거나 중복되지 않게 생기부에 기록된 활동들을 분류할 수 있다. 생기부에 근거는 있지만 구체적인 활동이 기록되어 있지 않다면 관련 활동 옆에 추가할 내용을 메모해 준다. 추가 메모할 사항은 크게 동기(문제점, 배경), 과정(문제해결과정), 외적변화(성적 ○등급 향상, ○○상 수상 등), 내적변화(인식의 변화, 배우고 느낀 점 등)이다. 특히 각 문항들이 '배우고 느낀

점'을 위주로 쓰라고 요구하기 때문에 내적변화가 중요하다. 내용 분류가 끝날 때쯤에는 흑백이었던 생기부가 형형색색의 컬러로 변해 있어야 한다.

카테고리 브레인스토밍(CBS)

'브레인스토밍'이란 말 그대로 뇌 속에서 폭풍이 치듯이 아이디어를 마구 쏟아내는 발상법을 말한다. 하지만 막상 자소서를 쓰려고 브레인스토밍을 하면 남들과 비슷한 내용밖에 떠오르지 않는다. 획일적인 교육을 받은 학생들의 경험과 생각이 모두 비슷하기 때문이다. '카테고리 브레인스토밍(Catagory Brain Storming)'이란 여기서 한 걸음 더 나아가, 생각할 수 있는 모든 경우의 수를 카테고리로 정해놓고 카테고리별로 집중적으로 브레인스토밍을 하는 발상법을 말한다. 이렇게 하면 남들이 놓치기 쉬운 부분까지 브레인스토밍을 할 수 있어서 차별화된 에피소드를 생성할 수 있다. 여기서 브레인스토밍이란 단순히 머릿속에 있는 생각을 끄집어내는 것만이 아니라 적극적으로 외부 자료를 조사하는 것까지 포함된다. '학업 및 진로계획'에 관해 쓸 때도 막연하게 머릿속에 떠오르는 것을 쓰는 것과 자료를 조사하고 쓰는 것은 큰 차이가 있다. 특히 지원 학과 교수님의 인터뷰는 학과전문용어 뿐만 아니라 교수님의 가치관까지 알 수 있기 때문에 중요한 참고자료가 된다.

최고의 내용 생성 툴, '워크시트'

카테고리를 정리해서 정교하게 체계화시켜 놓은 것이 바로 '워크시트' 양식이다. 앞서 UDT 분석에서도 잠깐 등장했지만 워크시트가 가지는 내용생성력은 압도적이다. 작년 합격생 중에도 워크시트에서 큰 도움을 받았다는 학생이 많았다. 예를 들어 공통문항 1번, 2번, 3번에 대한 워크시트는 다음과 같다.

1. 고등학교 재학기간 중 학업에 기울인 노력과 학습 경험에 대해, 배우고 느낀 점을 중심으로 기술해 주시기 바랍니다. (1,000자 이내)

활동 영역	에피소드
지원 학과와 직접 관련된 과목을 학습 경험	
지원 학과와 간접 관련된 과목을 학습 경험	
못하는 과목을 잘 하는 과목으로 바꾼 경험	
대학 교재, 논문을 공부한 경험	
관심 있는 분야를 지속적으로 연구한 경험	
독특한 공부법을 사용한 경험	
친구 공부를 도와주거나 가르쳐 본 경험	
공부를 통해 새로운 이치를 깨달은 경험	
심화 학습을 한 경험	
자기 주도적으로 학습한 경험	
학습 동아리를 통해 협동 학습한 경험	
공부를 해야 하는 이유를 깨달은 경험	
미친 듯이 몰입해서 공부해 본 경험	
공부를 하면서 자기 자신을 이겨본 경험	
기타 학습 경험	

2. 고등학교 재학기간 중 본인이 의미를 두고 노력했던 교내 활동을 배우고 느낀 점을 중심으로 3개 이내로 기술해 주시기 바랍니다. 단, 교외 활동 중 학교장의 허락을 받고 참여한 활동은 포함됩니다. (1,500자 이내)

활동 영역			에피소드
창의적 체험활동	학급 자치 활동		
	학생회 임원활동		
	학교 행사	축제	
		수학여행	
		체육대회	
		기타	
	봉사 활동		
	동아리 활동		
	진로 활동		
개인적인 자질을 발휘하여 성과를 가져온 경험			
관심 활동을 심화시키고 다른 활동으로 발전시켜 나간 경험			
다양한 분야의 경험을 융합하여 성장한 경험			
일반적인 활동이라도 지원자에게 의미 있었던 경험			

3. 학교 생활 중 배려, 나눔, 협력, 갈등 관리 등을 실천한 사례를 들고, 그 과정을 통해 배우고 느낀 점을 기술해 주시기 바랍니다. (1,000자 이내)

활동 영역		키워드	에피소드
학급/학교 활동			
학교행사	축제		
	수학여행		
	체육대회		
	기타		
봉사활동			
동아리 활동			

위에 공개한 것은 워크시트 중 극히 일부분에 불과하다. 내용 생성, 구체화, 차별화의 3단계로 이루어진 워크시트 전체버전은 A4용지로 총 21페이지에 달한다. 네이버 카페 '입술자국(www.kysmark.com)'에 가입하면 워크시트 전체 양식을 무료로 다운로드 받을 수 있다.

참고

교육평가전문기관 유웨이중앙교육(대표 유영산)이 지난해(2014) 유웨이닷컴 '자소서 유사도 검사 서비스'에 등록된 9,582건의 자소서를 분석한 결과, 수험생들이 가장 흔하게 쓰는 스펙은 다음 순서인 것으로 나타났다.

〈2014년도 자기소개서 기재된 스펙 비율〉

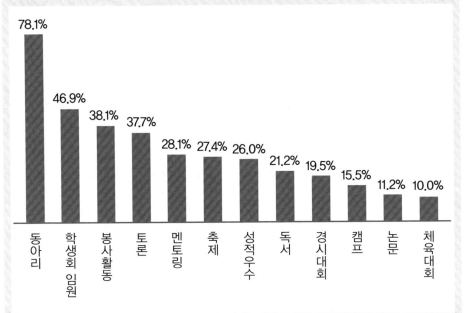

자료출처: http://www.veritas-a.com/news/articleView.html?idxno=44064

첫 문장이 답이다

많은 학생들이 자소서의 첫 문장 쓰기를 어려워한다. 구조화된 자소서는 첫 문장부터 끝 문장까지 쓰는 순서와 방법이 정해져있다. 이 말의 뜻을 오해하면 안 된다. 합격 자소서가 붕어빵처럼 정형화되어있다는 의미가 아니다. 편지나 기행문을 쓰는 효과적인 패턴이 존재하듯이 자소서에도 설득력 있게 에피소드를 전달할 수 있는 효과적인 패턴이 존재한다는 의미이다. 이러한 대표적인 패턴이 바로 '주근깨 구조'이다. 주근깨 구조에 따르면 첫 문장은 질문에 대한 답이 된다.

마법의 주근깨 구조

주근깨 구조란 '주장-근거-깨달음'으로 이어지는 두괄식 내용전개방식을 말한다. 자소서는 두괄식으로 쓰는 것이 원칙이다. 오해받을 위험을 무릅쓰고 극단적으로 말하자면, 주근깨 구조에 따라 쓰는 것만으로도 꽤나 그럴 듯한 자소서가 완성된다.

'주장'이란, 질문에 대한 답을 말한다. 예를 들어 '본인에게 의미 있었던 교내활동에 대해 서술하시오'라는 질문에 대한 첫 문장은 다음과 같다.

> 가장 인상 깊었던 교내활동은 도서반 활동이었습니다.

자, 이로써 그토록 골치 아프던 첫 문장쓰기가 해결되었다. 참 쉽지 않은가? 그저 질문에 대한 답을 하면 된다. 약간의 팁을 주자면 질문에 답을 함과 동시에 자신이 어필하고자 하는 키워드를 노출하는 것도 좋다. 키워드를 '논리력'과 '의사소통능력'으로 잡고 문장을 자연스럽게 손질하면 다음과 같다.

> 도서반 활동을 통해 독서토론을 하고 독서행사를 주최하며 논리력과 의사소통능력을 기를 수 있었습니다.

　자소서를 쓰는 주체는 '나'이기 때문에 일반적으로 1인칭 대명사 '나'는 생략하는 것이 깔끔하다. 지원 학과를 '외교학과'로 잡고 '인상적인 첫 문장'을 제일 앞에 삽입하면 다음과 같다.

[외교학과/논리력, 의사소통능력]

> 사람은 책을 만들고 책은 사람을 만듭니다. 도서반 활동을 통해 독서토론을 하고 독서행사를 주최하며 논리력과 의사소통능력을 기를 수 있었습니다.

　'근거'란 주장을 뒷받침하는 에피소드를 말한다. 이때 6하원칙에 따라 '누가, 언제, 어디서, 무엇을, 어떻게, 왜' 했는지가 구체적으로 드러나야 한다. 이 중에서 특히 '왜'와 '어떻게'가 중요하다. '왜'는 목적이나 동기와 연결되고 '어떻게'는 문제해결능력과 연결된다.

　'왜'를 쓰기 위해서는 그러한 행위를 하게 된 분명한 목적과 동기가 드러나야 한다. 서울대에서 발표한 '2016 학생부종합전형 안내'에 의하면 "과정에서 느낀 점과 생각을 담아야 한다. 어떤 동기와 목적, 어떤 생각과 의지를 가지고 노력했는지, 어떤 의미 있는 경험으로 남았는지 기록해야"한다.

　'어떻게'를 쓰기 위해서는 문제해결전략에 따라 '어떤 어려움이 있었는데(문제) → 어떻게 해결했으며(과정) → 어떤 결과가 나왔는지(결과)'를 구체적으로 말해주어야 한다. 위 예문에 6하원칙과 문제해결전략에 따라 근거를 덧붙이면 다음과 같다.

[외교학과/논리력, 의사소통능력]

주장			사람은 책을 만들고 책은 사람을 만듭니다. 2학년 때 도서반 활동을 통해 독서토론을 하고 독서행사를 주최하며 논리력과 의사소통능력을 기를 수 있었습니다.
근거		**문제**	처음 도서반 2학년 부장으로 선출되었을 때는 솔직히 실망스러웠습니다. 구체적인 활동이 없이 소위 스펙을 채우기 위한 명목상의 부서라는 생각이 들었기 때문입니다.
	해결	**왜**	그래서 저는 도서반 활동을 활성화시키고 내면적인 성장을 이루기 위해
		어떻게	2주일에 한 권씩 추천 도서를 읽고 토론하는 독서토론회를 주도했습니다. 또한 한 학기에 한 번씩 독서감상문 백일장을 열어 친구들의 참여를 독려하는 한편, 학년 말에는 지역문인들의 초청강연회를 개최하였습니다.
	결과 (외적변화)		그 결과 지원자가 없어서 사라지기 직전이었던 도서반이 대기인원을 받을 정도로 활성화되었고 전교생의 도서대출 건수도 2배 이상 늘어났습니다.

'깨달음'이란 일련의 경험을 통해 얻게 된 내적인 변화, 즉 배우고 느낀 점을 말한다. 경험이 자신에게 준 '의미'라고도 할 수 있다. 문제해결전략에서의 결과가 수상실적이나 등급향상 등 겉으로 드러나는 외적변화라면 깨달음은 눈에 보이지 않는 내적변화이다. 이 때 깨달음은 조건반사적인 감상에 그치지 말고 삶에 대한 인식의 변화로 나아가는 것이 좋다. 또한 지원 학과와 관련하여 미래에 대한 구체적인 포부가 드러나야 한다. 위 예문에 깨달음을 덧붙이면 다음과 같다.

[외교학과/논리력, 의사소통능력]

주장			사람은 책을 만들고 책은 사람을 만듭니다. 2학년 때 도서반 활동을 통해 독서토론을 하고 독서행사를 주최하며 논리력과 의사소통능력을 기를 수 있었습니다.
근거	문제		처음 도서반 2학년 부장으로 선출되었을 때는 솔직히 실망스러웠습니다. 구체적인 활동이 없이 소위 스펙을 채우기 위한 명목상의 부서라는 생각이 들었기 때문입니다.
	해결	왜	그래서 저는 도서반 활동을 활성화시키고 내면적인 성장을 이루기 위해
		어떻게	2주일에 한 권씩 추천 도서를 읽고 토론하는 독서토론회를 주도했습니다. 또한 한 학기에 한 번씩 독서감상문 백일장을 열어 친구들의 참여를 독려하는 한편, 학년 말에는 지역문인들의 초청강연회를 개최하였습니다.
	결과 (외적변화)		그 결과 지원자가 없어서 사라지기 직전이었던 도서반이 대기인원을 받을 정도로 활성화되었고 전교생의 도서대출 건수도 2배 이상 늘어났습니다.
깨달음	깨달음 (내적변화)		무엇보다 소중했던 점은 내적인 성숙을 이룰 수 있었다는 점이었습니다. 주기적인 독서토론을 통해 상대방의 주장과 근거를 파악하고 자신의 입장을 논리적으로 제시할 수 있는 능력을 기를 수 있었습니다. 또한 독서감상문 백일장과 지역문인 초청강연회를 개최하면서 부원들과 많은 갈등이 있었는데 그 과정을 통해 효과적인 의사소통 방법을 알게 되었습니다.
	미래포부&학과연관성		이러한 논리력과 의사소통능력을 바탕으로 국제 외교 분야에서 서희와 같은 협상가가 되고 싶습니다. 최근 중국의 급성장과 더불어 동북아지역의 정세가 급변하고 있습니다. 대한민국의 주체성과 이익을 지켜나갈 리더로서 이 험난한 역사의 파도를 힘차게 헤쳐 나가겠습니다.

사례는 구체적이어야 한다

정말이지 주근깨 구조에 맞춰서 썼을 뿐인데 꽤 봐줄만 하지 않은가? 주근깨 구조와 문제해결전략, 6하원칙이 어우러져서 '동기→과정→결과→의미'의 흐름이 잘 드러났다. 물론 위 예문도 완벽한 것은 아니다. 독서토론회나 초청강연회의 사례가 구체적이었다면 더 좋았을 것이다. 예를 들어 '독서토론'은 특정한 시간과 장소가 없는 일반화된 사례지만 '채만식의 태평천하를 읽고 한 독서토론'은 구체적인 사례이다. 마찬가지로 '지역문인 초청강연회를 둘러 싼 갈등'은 일반화된 사례지만 '개 같은 날은 없다의 작가 김○○ 작가의 초청을 두고 강연 장소 섭외를 둘러싸고 발생한 갈등'은 구체적인 사례이다.

주근깨 구조 VS 마블링 구조

이쯤에서 어떤 학생은 "주근깨 구조와 마블링 구조 중 어느 쪽이 맞나요?"라고 묻는다. 주근깨 구조를 따르자니 생각과 느낌이 제일 마지막에 들어가고, 마블링 구조를 따르자니 생각과 느낌이 중간에 들어가기 때문이다. 답은 간단하다. 주근깨 구조를 기본 틀로 삼고 에피소드 사이사이에 배우고 느낀 점을 삽입하면 된다. 이렇게 하면 에피소드가 구체적이면서도 배우고 느낀 점이 풍부한 자소서를 쓸 수 있다.

무리수 없는 차별화전략

어떻게 하면 수많은 자소서 중에서 여러분의 자소서가 돋보일 수 있을까? 무난하게 쓰자니 제대로 읽지도 않을 것 같고 튀게 쓰자니 오히려 감점이 될 것 같아 불안하다. 무리수를 두지 않으면서도 눈에 띌 수 있는 방법은 없을까? 다행히 있다. 그것은 바로 '소제목 붙이기'와 '상징물 활용하기' 그리고 '인상적인 첫 문장 쓰기'이다.

(1) 소제목 붙이기

아직도 많은 학생들이 소제목 붙이기를 두려워하고 있다. 튀어 보이려고 썼다가 괜히 찍히는 것은 아닌지 불안하기 때문이다. 그러나 요즘은 취업 자소서 뿐만 아니라 대입 자소서에서도 소제목 붙이기가 대세다. 실제로 지난해 합격 자소서도 소제목을 붙인 케이스가 압도적으로 많았다. 소제목은 본문의 내용을 일목요연하게 제시해 줄 뿐 아니라 톡톡 튀는 표현으로 창의력을 간접적으로 어필할 수도 있다. '과학탐구반 활동'과 같이 무미건조하게 쓸 수도 있지만 기왕이면 광고카피처럼 세련되게 쓰는 편이 좋다. 내가 소제목을 지을 때 자주 쓰는 방법은 다음과 같다.

① 동음이의어나 유사한 발음을 활용한다.

change로 challenge
We Asia, Win Asia
volunteer, 발로 뛰어

② 책, 광고카피, 드라마, 노래, 영화 제목을 각색한다.

Impossible, I'm possible

홍보가 기가 막혀

90일간의 영화여행

③ 두운이나 각운을 활용한다.

색소폰으로 연주하는 색다른 삶

의사소통 만사형통

Design, Resign

④ 거꾸로 해도 말이 되는 단어를 활용한다.

국궁(國弓)에서 배운 궁극의 집중력

역경을 뒤집으면 경력이 된다

현실상의 이상실현

* 너무 상투적인 사자성어나 가벼운 유행어는 피하는 것이 좋다.
* 기본적으로 대구법을 활용하면 리듬감과 안정감을 줄 수 있다.

(2) 상징물 활용하기

상징물이란 에피소드 전체를 함축적으로 보여주는 사물을 말한다. 예를 들어 김소월의 시에서 '진달래 꽃'은 전체적인 시상이 집약된 상징물이다. 다음은 지원동기 및 학창시절의 경험과 관련된 예문이다.

[기계시스템공학부]

7살 때, 아버지께서 밸브 제작에 참여하신 KSR-3 액체로켓 발사를 직접 보게 되었습니다. 카운트다운과 함께 엔진에서 엄청난 불길이 뿜어져 나와 지켜보던 모든 사람들의 긴장이 극에 달하는 순간 로켓은 발사대를 떠나 하늘로 올라갔고 점이 되어 사라졌습니다. '성공이다'라고 말씀하시며 저의 손을 잡아주시던 아버지의 모습에선 뿌듯함과 행복함, 그리고 말로 표현할 수 없는 무언가가 느껴졌습니다. 그 때의 강렬한 인상은 성장과정 내내 저에게 영향을 미쳤고 저도 사람들의 삶에 꼭 필요한 기계를 만들고 싶다고 생각했습니다.

2013년 인천시민의 과학 나들이 행사를 통해 기계 공학뿐만 아니라 다양한 공학 분야 전공 교수님들의 특강을 들으러 다녔습니다. 학교 진로 아카데미에서는 나로호 발사에 참여하시고 우리학교 졸업생이신 임석희 연구원님을 만나 뵙고 나로호에 대해 자세히 배우고, 진로에 대한 이야기도 나눌 수 있었습니다. 또한 인터넷으로 여러 엔지니어분들을 찾아보다 데니스 홍 로봇 공학자님의 다큐멘터리 방송을 보게 되었습니다. 그는 기존의 로봇의 틀을 깨 새로운 로봇을 만들기를 추구했으며 이는 사람의 생명을 구하는 로봇 사파이어나, 공사장의 인부들을 지켜주는 로봇 하이드라스를 만들게 하였습니다. 로봇이라하면 춤추거나 축구하는 휴머노이드 로봇만 알고 있던 저에게 이는 로봇에 대한 새로운 생각을 심어주었으며 저도 사람들을 지켜주고 행복하게 해주는 로봇을 만들고 싶다는 생각을 가지게 되었습니다. 그 후에는 부천 로봇파크 견학도 다녀오고 경희대학교에서 실시한 로봇 프로그램 교실에 참여하는 등 꿈을 향해 적극적으로 나아갔습니다.

'매트릭스'같은 많은 공상과학 영화에서 기계는 인류의 적으로 묘사됩니다. 하지만 저는 기계야말로 인간을 위해 봉사하는 인간의 친구라고 생각합니다. 임용택 한국기계연구원 원장님께서는 "기계는 모든 산업의 기반"이라고 하셨습니다. 현재 우리가 누리고 있는 자동차, 배, 공장생산기계 등 기계공학이 개입되지 않은 분야는 없습니다. 저는 아버지가 남겨주신 밸브를 이어받아 차가운 기계에 감성의 숨결을 불어넣고 싶습니다. 그래서 기계화된 인간이 아니라 인간화된 기계를 만드는 엔지니어가 되어 세상을 움직이는 엔진이 되고 싶습니다.

'밸브'라는 상징물로 지원동기와 미래에 대한 포부를 유기적으로 연결시켰다. 상징물은 서론이나 본론에 등장시켰다가 결론에 다시 한 번 등장시키면 글 전체에 통일성이 생길 뿐 아니라 여운이 남는다. 입학사정관이 자소서를 다 읽고 난 후 "아, 그 밸브 이야기 썼던 학생?" 하고 기억에 남는다면 성공이다. 위 학생은 2015학년도 입시에서 국민대 기계시스템 공학부에 합격하였다.

(3) 인상적인 첫 문장 쓰기

인상적인 첫 문장은 입학사정관의 눈길을 사로잡는 힘이 있다. 입학사정관도 사람인 이상 첫 문장이 흥미로우면 뒤의 내용도 좀 더 관심을 가지고 읽게 된다. 이런 식으로 글에 빨려들어가면 중간에 멈추지 않고 끝까지 읽게 되는데, 이를 마케팅에서는 '미끄럼틀 효과'라고 한다. 첫 문장은 에피소드를 함축적으로 담고 있거나 읽는 이의 호기심을 자극해야 한다. 사자성어나 명언류를 활용하기도 하지만 자신만의 생각을 쓰는 것이 더 좋다. 다음은 경희대 우주과학과에 합격한 학생의 공통문항 2번 첫 번째 에피소드이다.

2. 고등학교 재학기간 중 교내 활동을 배우고 느낀 점을 중심으로 3개 이내로 기술해 주시기 바랍니다. (1,500자 이내)

〈2014, 별에서 온 그대〉

'바주카포를 들고 다니는 별에서 온 그대.' 친구들은 망원경으로 하늘을 관측하는 저를 이렇게 불렀습니다. 관측할 때만큼은 마냥 행복했고, 그 행복을 오래 기억하기 위해 대상을 스케치하고 느낌을 쓴 일지를 작성했습니다. 처음에는 목성을 빛으로밖에 보지 못했지만 1년의 노력 끝에 줄무늬는 물론이고 플레이아데스성단뒤의 메로페성운까지 확인했습니다. 최선을 다해 노력한 끝에 불가능하다 생각했던 것을 이뤄냈기에 시간이 전혀 아깝지 않았습니다. 망원경으로 본 대상은 기대했던 것만큼 크고 선명하지 않았지만 사진 속의 대상을 두 눈으로 직접 보고 있다는 것이 감동적이고 신기했습니다. 얼음처럼 차가워진 망원경과, 두꺼운 옷으로도 막을 수 없는 추위에 시달리면서도 실력 향상을 확인할 수 없어 괜한 짓이 아닌지 회의감이 들기도 했지만 마침내 노력의 결과를 얻어냈을 때 고민한 것의 배로 성취감이 돌아오는 것을 느꼈습니다. 꾸준한 노력에 그것을 향한 열정이 더해진다면 이루지 못할 것은 없다는 것을 깨달았습니다.

우선 드라마의 제목을 패러디한 '2014, 별에서 온 그대'라는 소제목이 눈길을 끈다. 차별화 전략에서 소제목의 효과는 아무리 강조해도 지나치지 않다. 또한 위 자소서는 인상적인 첫 문장을 활용하여 호기심을 자극하고 있다. 첫 문장을 읽는 순간 '바주카포가 뭘 의미하지? 왜 친구들은 지원자를 별에서 온 그대라고 불렀을까?' 하고 호기심이 생긴다. 궁금증을 해소하려면 뒤에 이어지는 내용을 읽어볼 수밖에 없다.

자소서는 기본적으로 학과연관성을 염두에 두고 작성되어야 한다. 학과연관성을 드러내는 방법으로 '키워드로 연결하기'와 '이상인 설정하기', 그리고 '학과전문용어 활용하기'가 있다.

(1) 키워드로 연결하기

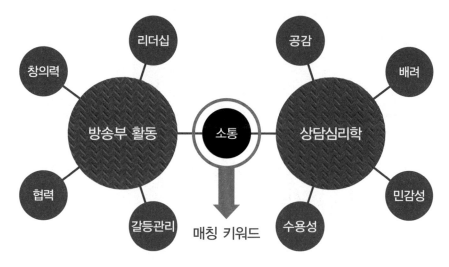

겉으로 보기에 전혀 관련이 없어 보이는 활동과 지원 학과는 키워드를 매개로 연결된다. 활동에서 창출되는 키워드와 전공에서 요구되는 키워드를 각각 브레인스토밍 한 후 둘의 교집합에 해당하는 키워드를 매칭하는 것이다. 이를 그림으로 표현하면 위와 같다.

지원 학과가 광고홍보학과라면 우선 지원 학과에서 필요한 핵심가치(키워드)를 브레인스토밍 한다. 광고홍보학에서 요구하는 자질에는 '광고에 대한 관심, 디지털미디어 활용능력, 사교성, 창의력, 문장력, 설득력' 등이 있다. 이때 '학과와 관련된 자질'보다는 '그 학과를 졸업한 전문인의 자질'로 브레인스토밍 하는 것이 좋다. 예를 들어 신문방송학과라면 '신문방송학과'로 브레인스토밍 하는 것보다는 '언론인'으로 브레인스토밍 하는 편이 좀 더 쉽게 키워드를 떠올릴 수 있다.

만약 '광고에 대한 관심'과 '디지털 미디어 활용능력', '창의력'을 키워드로 골랐다면 이러한 자질을 입증할 만한 경험을 브레인스토밍 한다. 예를 들면 국어 시간에 공익광고 카피 만들기 수행평가를 한 경험은 '광고에 대한 관심'으로 연결시킬 수 있다. 사회시간에 소셜 네트워크의 영향력에 대해서 발표수업을 하고 보고서를 작성한 경험은 '디지털 미디어 활용능력'과 연결시킬 수 있다. 또 수학문제를 풀며 남들이 생각하지 못한 역발상으로 문제를 해결한 경험은 '창의력'으로 연결시킬 수 있다. 이렇게 학습경험과 키워드를 연결시키면 효과적으로 학과연관성을 드러낼 수 있다.

위의 과정에서는 지원 학과에 필요한 자질을 먼저 생각하고 그에 적합한 학습경험을 떠올렸지만 실제로 자소서를 쓸 때는 순서를 바꾸어서 '이러저러한 학습경험을 바탕으로 지원 학과에 적합한 이러저러한 자질을 키울 수 있었다'는 식으로 구성한다. 다음은 광고홍보학과 공통문항 1번의 예시이다. 학습경험과 지원 학과가 어떻게 자연스럽게 연결되는지 눈여겨보자.

[광고홍보학과]

1. 고등학교 재학기간 중 학업에 기울인 노력과 학습 경험에 대해, 배우고 느낀 점을 중심으로 기술해 주시기 바랍니다.

1학년 때 국어 수행평가로 '공익광고 카피 만들기'를 하며 언어가 가지는 설득의 힘을 배울 수 있었습니다. 청소년 흡연 문제와 관련하여 '5년 들어 보이려다 50년 늙어 보인다'는 카피로 만점을 받으며 그것을 계기로 광고 분야에 관심을 가지게 되었습니다. 인터넷으로 국내외 유명 광고제 수상작들을 찾아보며 상대의 마음을 움직일 수 있으려면 뛰어난 표현력이 필요하다는 것을 깨닫고 글쓰기 실력을 갈고 닦았습니다. 쉬는 시간마다 '어이없이 틀리는 우리말 맞춤법 500'이라는 책을 읽으며 자주 틀리는 맞춤법을 고칠 수 있었고, 길을 걷다가도 전혀 상관이 없어 보이는 사물들을 연결하며 비유적인 사고를 확장했습니다. 예를 들어 처음엔 뜨겁지만 나중엔 식어버리는 커피와 사랑의 공통점에 착안하여 '사랑은 커피다'라는 짧은 시를 SNS에 올려서 사람들로부터 '페북 시인'이라는 별명을 얻기도 했습니다. 평소 국어에 기울인 이러한 노력을 바탕으로 2학년 때는 국어성적이 1등급으로 향상되었고 각종 교내 백일장대회에서 크고 작은 상을 받을 수 있었습니다. (광고에 대한 관심, 디지털 미디어 활용능력, 설득력, 문장력)

흔히 수학은 정답이 정해져 있는 과목이라고 합니다. 하지만 저는 수학을 통해서 창의적인 사고력을 키울 수 있었습니다. 단순히 기계적으로 수학문제를 풀기보다 사고의 과정을 되짚어보는 '메타 생각'을 했을 때 남들과 다른 방식으로 문제를 해결할 수 있었습니다. 심화 수학반에서 소주병의 부피를 구하는 문제를 풀 때 다른 친구들은 모두 소주병 외부라인의 함수를 구해서 적분하는 지극히 수학적인 방법을 택했습니다. 하지만 저는 소주병에 물을 채우고 따라낸 물의 부피를 구하는 방법, 아르키메데스처럼 물통에 넣어서 넘치는 물의 양을 재는 방법, 소주 회사에 전화해서 물어보는 방법, 상표라벨을 확인하는 방법 등 다양한 해결책을 제시해서 선생님과 친구들을 놀라게 했습니다. 수학을 정답 찾기 퀴즈가 아닌 창의력 개발 도구로 생각하고 즐겁게 공부한 결과 꾸준히 점수가 향상되었음은 물론 인문계열 학생들이 다소 취약한 논리적인 사고력까지 갖출 수 있게 되었습니다. (창의력, 논리력)

광고홍보학과에 적합한 '과목'이 있는 것이 아니라 광고홍보학과에 필요한 자질을 키워 준 '경험'이 있다. 광고홍보학과와 국어과목이 직접 연결되지는 않지만 국어 시간에 광고와 관련된 '활동'을 한 경험은 누구나 있다. '광고가 매출에 미치는 영향'이라는 주제의 탐구활동을 떠올리면 사회과목하고도 연결시킬 수 있다. 이런 식으로

'과목'이 아니라 구체적인 '경험'을 떠올리면 어떤 과목이라도 지원 학과와 연결시킬 수 있다.

(2) 이상인 설정하기

학과에 따라서 뚜렷한 키워드가 떠오르지 않을 때도 있다. 그럴 때는 추상적인 '학과'를 붙잡고 씨름하지 말고 구체적인 '사람'을 떠올려 보자. '이상인'을 떠올리면 보다 풍부한 키워드를 생성할 수 있다. 이상인(理想人)이란 지원하는 대학이나 학과에서 요구하는 자질을 모두 갖춘 이상적인 인물을 말한다. 일종의 롤모델이라고 할 수 있다. 이상인은 실존 인물이어도 좋고 상상으로만 존재하는 가상의 인물이어도 좋다. 이상적인 인물이 갖추고 있는 장점이 곧 그 학과의 키워드가 된다.

[역사학과]

이상인 유형	사마천: '사기'를 집필, 방대한 중국 최초의 통사, 민중들에 관심 일연: '삼국유사'를 집필. 민족의 뿌리를 고조선까지 확장. 민초에 대한 관심
장점 (키워드)	엄밀성, 끈기, 건전한 역사관, 민족의 자주성, 윤리관, 객관적 태도, 개별적 사건을 꿰뚫는 통찰력, 다방면에 걸친 풍부한 지식과 교양, 자료 해석 능력, 공정한 태도, 힘없는 민중들에 대한 관심 등

이상인을 설정하는 방법은 키워드 뿐 아니라 에피소드를 생성할 때도 사용된다. 많은 학생들이 공통문항 1번(학습경험)이나 공통문항 2번(교내활동)을 지원 학과와 어떻게 연결시킬지 몰라서 답답해한다. 학습경험이나 교내활동을 떠올릴 때 이상인을 떠올리고 '내가 만약 이런 사람이라면 어떻게 공부를 했을까?' 또는 '내가 만약 이런 사람이라면 어떤 활동을 했을까?' 하고 질문을 던지면 생각의 물꼬를 틀 수 있다. 물론 그런 경험을 '지어내라'는 것이 아니라 자신의 경험 중에서 해당하는 것을 '선별하라'는 의미이다. 이때 인재상을 전공, 능력, 인성으로 구분해서 떠올리면 훨씬 많은 키워드를 생성할 수 있다.

[경희대/기계공학과]

대학인재상	통섭적, 창의적 인간	학과인재상	전공	기계를 잘 다루는 능력
			능력	수리적 논리적 사고
			인성	공학을 통해 인류에 봉사
이상인	– 다양한 분야를 두루 통합하여 창의적으로 문제를 해결하는 사람 – 기계를 잘 다루고 논리적으로 사고하며 공학을 통해 인류사회에 봉사하고자 하는 사람			
공통문항 1 **(학습경험)**	– 어떤 과목의 문제점을 다른 과목에서 배운 지식이나 원리를 이용하여 창의적으로 해결한 경험(통섭적, 창의적) – 독서대, 스탠드 등을 개량하여 학습효율을 높인 경험(기계적, 공학적)			
공통문항 2 **(교내활동)**	– 학교나 학급에서 발생한 문제를 수리적, 논리적으로 해결한 경험(수리적, 논리적 사고) – 동아리 활동을 통해 발명품, 로봇 등을 만들어 본 경험(창의성, 기계를 잘 다루는 능력)			
공통문항 3 **(봉사활동)**	– 친구에게 수학이나 과학을 가르친 경험(수리적 사고, 공학을 통한 인류봉사) – 장애인 시설을 방문하며 장애인의 불편함을 덜어줄 기계를 발명할 포부를 품은 경험(공학을 통한 인류봉사)			

자소서를 다 쓴 후에는 천천히 읽어보면서 자신을 '이상인'이라고 가정하고 모순되는 부분이 없는지 점검한다. 만약 대학인재상이 '협력성, 글로벌 리더십'인데 혼자서 불도저처럼 공부한 이야기만 쓰거나 지나치게 민족정신만 강조하면 인재상에 부합하지 않는다. 모순되는 부분이 없이 진짜로 이상인이 작성한 것처럼 매끄럽게 읽혀야 한다.

(3) 학과전문용어 활용하기

학과전문용어를 활용하면 학과연관성을 효과적으로 드러낼 수 있다. 여기서 말하는 학과전문용어는 정말로 학계에서 쓰는 전문적인 용어가 아니다. 고등학생 수준에서 지원 학과에 관심을 가지면 이해할 수 있는 기초적인 개념어 정도면 충분하다. 이러한 개념어를 잘 활용하면 지원자가 오래 전부터 지원 학과에 관심을 가지고 노력해 온 것 같은 인상을 줄 수 있다. 소개팅에 나가서도 상대방이 관심 있는 분야의 이야기를 하면 호감을 살 수 있다. 상대방의 언어로 이야기해야 상대방이 귀를 기울여준다.

[경희대/우주과학과]

저는 지구과학 천문파트의 $h=90°-L+d$라는 남중고도공식을 학업에 대입했습니다.

$90°$라는, 별지기들에게 가장 높은 곳을 의미하는 그곳에 목표를 두었습니다. 처음에는 '수학 5점 올리기'처럼 눈앞의 것을 목표로 잡았지만 이루는 데 많은 노력이 필요치 않았고 다음 시험에는 성적이 더 많이 떨어졌습니다. 수학이 5등급까지 떨어지고 나서야 낮은 목표가 문제였음을 깨달았습니다. 그때부터 $90°$의 목표를 세웠습니다. 성적은 40점대였지만 목표는 그보다 훨씬 높은 70점대였기 때문에 이루기 어려웠습니다. 그래서 더더욱 노력했고 무언가를 위해 노력한다면 결과에 상관없이 스스로에게 당당할 수 있음을 깨달았습니다.

그러나 항상 자만(Limit)이라는 한계에 부딪혔습니다. 세 시간치 공부를 한 시간만 하고 '이 정도면 되겠지'라며 합리화하다보니 목표를 향해 나아가지 못했습니다. 이를 극복하기 위해 하루 동안 공부한 내용과 시간을 노트에 기록했습니다. 하루 3시간과 영어지문 몇 개로 시작된 노트가 8시간, 9시간을 지나 하루 11시간과 모든 과목이 잘 섞인 결과로 채워졌을 때 어느새 자만심이 사라졌음을 느꼈고 자신과의 경쟁에서 이기기 위해 노력하는 자세를 갖출 수 있었습니다.

계획 세우기도 완료했고, 스스로의 한계도 극복했으니 남은 것은 실행(Doing)뿐이었습니다. 하루 10시간 프로젝트, 수학 2개월 프로젝트 등 세부 목표를 정했고 친구와 정해진 시간마다 수학풀이를 공유하며 성취도를 검사했습니다. 늘 작심삼일의 정석을 보여주었지만 친구와 서로를 의지하며 꾸준히 계획을 실천하는 법을 배워나갔습니다. 그 과정에서 나의 가장 큰 적은 자기 자신임을 느꼈고 스스로를 경계하는 것의 중요성을 배웠습니다. 좋은 계획도 실천이 병행될 때에만 빛난다는 사실을 알게 되었고, 곁에서 함께 하는 사람이 있다면 더 즐겁게 목표를 향해 나아갈 수 있음을 깨달았습니다.

목표의 90°에 한계의 L을 빼고 실행의 d를 더해 완성한 제 인생 첫 공식 덕에 40점대였던 수학을 78점까지 올릴 수 있었으며 수학공부에 대한 두려움도 극복했습니다.

경희대 우주과학과를 지원한 위 학생은 $h=90°-L+d$라는 남중고도공식을 학업에 대입하였다. 무리수를 두지 않는 범위 내에서 지원 학과의 전문용어를 적절히 활용하고 있다. 또한 하나의 컨셉을 여러 단락으로 세분화하는 방법으로 내용을 전개했다. 물론 합격했다.

지금부터 마술을 보여주겠다. 173자의 글이 순식간에 1400자로 늘어나는 마술이다. 마술의 이름은 '구체화 전략'이며 마술의 비밀은 '6하원칙'과 '문제해결전략'이다. 다음은 2014학년도 고려대학교 3번 문항을 변형한 것이다.

> 지원동기와 지원분야를 위해 어떤 노력을 해 왔는지 기술하시오. (1500자 내외)

자소서도 논술처럼 논제분석이 필요하다. 논제분석이란 한 덩어리로 되어 있는 질문을 여러 개의 작은 질문으로 나누는 것을 말한다. 위 질문을 분석하면 '지원동기'와 '진로를 위한 노력'을 묻는 2개의 작은 질문으로 나눌 수 있다. 지원 학과를 '생물학과'로 가정하고 각각의 질문에 대해서 답을 하면 다음과 같은 173자 분량의 글이 된다.

[원문]

> 어렸을 때 어머니께서 잡아다 주신 곤충에 흥미를 느끼면서 생물학에 관심을 가지게 되었습니다.(지원동기) / 파브르와 같은 훌륭한 생물학자가 되기 위하여 초등학교 때부터 직접 산에서 곤충을 채집하여 사육하면서 관찰일기를 작성했고 학교 축제에서 곤충전을 기획하기도 했습니다. 또한 인제군 생물지도에 관한 연구논문도 발표했습니다.(진로를 위한 노력) −173자

여기에 6하원칙에 따라 언제/어디서, 누가(누구와), 무엇을, 어떻게, 왜'를 스스로 끊임없이 묻고 답해나가면서 살을 붙이면 다음과 같이 약 500자 분량의 글이 된다.

(1) 구체화 1단계

[생물학과]

초등학교 2학년 여름방학 때 어머니께서 산에서 사슴벌레를 잡아다 주신 적이 있습니다. 책으로만 봤던 사슴벌레를 직접 보고 만져보면서 큰 턱과 각질의 윤기 등에 반해 생물에 더욱 큰 흥미를 가지게 되었습니다.(←어떤 사슴벌레? 어떻게 생겼는지? 왜 흥미를 가졌는지?)

그 후로 파브르와 같은 훌륭한 생물학자가 되고 싶어서 직접 산에 올라가거나 개울에 가고 밭에도 다니며 채집을 하고 채집한 곤충들을 사육하기 시작했습니다. 처음에는 방에서 키웠지만 사육장이 늘어나자 나중에는 창고로 옮겨가야 했습니다. 장수풍뎅이가 애벌레에서부터 성충이 되는 과정을 관찰일기로 작성하기도 했습니다.(←관찰일기의 내용은 어떤 것이었는지?) 이러한 결과를 바탕으로 고등학교 2학년 학교 축제에서는 제 이름을 내걸고 곤충전을 기획했습니다. 장수풍뎅이, 물방개, 장수하늘소, 개아재비 등등 30여종에 이르는 곤충들을 박제 혹은 사육장의 형태로 전시했으며(←어떤 종류의 벌레를 전시했는지?) 친구들의 호응을 이끌어낼 수 있었습니다. 고3 때는 교내 학술동아리에서 인제군 생물지도에 관한 연구논문도 발표했습니다. 인제군 합강에 서식하는 물고기 및 수생곤충에 관한 연구였는데 실제로 채집한 사례에 기초한 연구로 은상을 수상하였습니다.(←어떤 내용의 연구 논문이었는지? 어떤 결과가 나왔는지?) -542자

문제해결전략에 따라 좀 더 구체화하면 다음과 같이 약 1100자 분량의 글이 된다. 숫자와 고유명사는 구체적으로 밝혀주어야 한다.

(2) 구체화 2단계

[생물학과]

초등학교 2학년 여름방학 때 어머니께서 산에서 사슴벌레를 잡아다 주신 적이 있습니다. 책으로만 봤던 사슴벌레를 직접 보고 만져보면서 큰 턱과 각질의 윤기 등에 반해 생물에 더욱 큰 흥미를 가지게 되었습니다.

그 후로 파브르와 같은 훌륭한 생물학자가 되고 싶어서 직접 산에 올라가거나 개울에 가고 밭에도 다니며 채집을 하고 채집한 곤충들을 사육하기 시작했습니다. 처음에는 채집한 곤충을 박제하는 방법을 몰라서 종이 박스에 넣었습니다. 시간이 흐르자 건조한 곤충이 약간의 충격으로도 부스러져 버리곤 했습니다.(문제) 주먹구구식 방법에 한계를 느낀 저는 전문서적을 찾아보고 곤충채집 온라인 카페 '곤충소년'에 가입하여 정보를 수집했습니다.(행동) 그 결과 채집한 곤충을 종류별로 분류하는 방법이라든지 메뚜기 등의 갑충을 에틸렌 용액을 뿌려둔 용기에 넣어서 조직을 유화시키는 방법, 부패하는 내장조직을 제거해서 솜을 채워 넣고 고정시키는 방법, 나비의 날개를 표본판에 고정시키는 방법 등을 배울 수 있었습니다. 처음에는 카페에서 정보를 가져가기만 했지만 경험이 쌓이면서 나중에는 저의 노하우를 카페 게시판에 올릴 정도까지 되었습니다.(결과)

좁은 방이 책상과 침대만 빼고는 곤충 사육장으로 가득차자 더 넓은 공간이 필요해졌습니다.(문제) 결국 저는 아버지를 졸라서 창고로 쓰던 컨테이너 박스를 사육장으로 사용할 수 있도록 허락을 받아낼 수 있었습니다.(행동) 넓은 창고서는 큰 사육장을 필요로 하는 곤충도 키울 수 있었습니다. 장수풍뎅이는 그 중에서도 제가 가장 좋아하는 곤충이었습니다. 어른 손가락만한 하얀 애벌레가 번데기를 거쳐 Y형태의 늠름한 뿔을 가진 장수풍뎅이로 성장하는 과정은 몹시 흥미로웠습니다. 저는 그 과정을 매일 사진으로 찍어서 관찰일기를 곤충카페에 올렸습니다.(결과)

고등학교 2학년 학교 축제에서는 제 이름을 내걸고 곤충전을 기획했습니다. 장수풍뎅이, 물방개, 장수하늘소, 개아재비 등등 30여종에 이르는 곤충들을 박제 혹은 사육장의 형태로 전시했으며 친구들의 호응을 이끌어 낼 수 있었습니다. 고3 때는 교내 학술동아리에서 인제군 생물지도에 관한 연구논문도 발표했습니다. 인제군 합강에 서식하는 물고기 및 수생곤충에 관한 연구였는데 실제로 채집한 사례에 기초한 연구로 은상을 수상하였습니다. -1100자

여기에 깨달음(배우고 느낀 점)을 추가하고 미래포부 및 학과연관성을 드러내면 다음과 같이 약 1400자 분량의 글이 된다. 보기 좋게 단락을 나누고 소제목을 붙여 주었다.

(3) 구체화 3단계-완성

[생물학과]

〈사슴벌레가 있는 카페〉

초등학교 2학년 여름방학 때 어머니께서 산에서 사슴벌레를 잡아다 주신 적이 있습니다. 책으로만 봤던 사슴벌레를 직접 보고 만져보면서 큰 턱과 각질의 윤기 등에 반해 생물에 더욱 큰 흥미를 가지게 되었습니다.

그 후로 파브르와 같은 훌륭한 생물학자가 되고 싶어서 직접 산에 올라가거나 개울에 가고 밭에도 다니며 채집을 하고 채집한 곤충들을 사육하기 시작했습니다. 처음에는 채집한 곤충을 박제하는 방법을 몰라서 종이 박스에 넣었습니다. 시간이 흐르자 건조한 곤충이 약간의 충격으로도 부스러져 버리곤 했습니다. 주먹구구식 방법에 한계를 느낀 저는 전문서적을 찾아보고 곤충채집 온라인 카페 '곤충소년'에 가입하여 정보를 수집했습니다.

그 결과 채집한 곤충을 종류별로 분류하는 방법이라든지 메뚜기 등의 갑충을 에

틸렌 용액을 뿌려둔 용기에 넣어서 조직을 유화시키는 방법, 부패하는 내장조직을 제거해서 솜을 채워 넣고 고정시키는 방법, 나비의 날개를 표본판에 고정시키는 방법 등을 배울 수 있었습니다. 처음에는 카페에서 정보를 가져가기만 했지만 경험이 쌓이면서 나중에는 저의 노하우를 카페 게시판에 올릴 정도까지 되었습니다.

〈달걀 대신 애벌레를 품은 소년〉

좁은 방이 책상과 침대만 빼고는 곤충 사육장으로 가득차자 더 넓은 공간이 필요해졌습니다. 결국 저는 아버지를 졸라서 창고로 쓰던 컨테이너 박스를 사육장으로 사용할 수 있도록 허락을 받아낼 수 있었습니다. 넓은 창고에서는 큰 사육장을 필요로 하는 곤충도 키울 수 있었습니다.

장수풍뎅이는 그 중에서도 제가 가장 좋아하는 곤충이었습니다. 어른 손가락만한 하얀 애벌레가 번데기를 거쳐 Y형태의 늠름한 뿔을 가진 장수풍뎅이로 성장하는 과정은 몹시 흥미로웠습니다. 저는 그 과정을 매일 사진으로 찍어서 관찰일기를 곤충카페에 올렸습니다. 차가운 교과서 사진에서는 느낄 수 없었던 생명의 신비를 눈앞에서 지켜보면서 생명 창조의 비밀을 엿보는 것 같은 신비로움을 느낄 수 있었습니다.(배우고 느낀 점)

고등학교 2학년 학교 축제에서는 제 이름을 내걸고 곤충전을 기획했습니다. 장수풍뎅이, 물방개, 장수하늘소, 개아재비 등등 30여종에 이르는 곤충들을 박제 혹은 사육장의 형태로 전시했으며 친구들의 호응을 이끌어 낼 수 있었습니다. 고3 때는 교내 학술동아리에서 인제군 생물지도에 관한 연구논문도 발표했습니다. 인제군 합강에 서식하는 물고기 및 수생곤충에 관한 연구였는데 실제로 채집한 사례에 기초한 연구로 은상을 수상하였습니다. 생물학과에 진학한 후에도 이러한 생명에 대한 호기심을 바탕으로 인구증가로 인한 기아문제를 해결할 수 있는 미래의 대체식량자원을 연구하고 싶습니다.(미래포부, 학과연관성) −1400자

(1) 간결하게 쓰기

효과적으로 표현하기 위해서는 무엇보다도 '간결하게' 써야 한다. 긴 문장은 짧은 문장으로 나누어 주고 중복되는 내용은 삭제한다.

〈수정 전〉

고등학교 2학년 겨울에 '인제 하늘내린 센터'에서 인제군 관내 30명의 학생들을 '서울예울단' 예술단원 선생님들의 지도하여 뮤지컬 '로미오와 줄리엣' 공연에서 로미오 역할을 맡으며 직접 배우로 참여하여 한 달이라는 짧은 연습기간이었지만, 인제 군수님을 비롯한 뮤지컬 공연을 관람하러 와주신 소중한 분들에게 아주 성공적인 공연을 보여드릴 수 있었습니다.

〈수정 후〉

고등학교 2학년 겨울에 '인제 하늘내린 센터'에서 뮤지컬 '로미오와 줄리엣'공연에 로미오 역으로 참여한 적이 있습니다. / 한 달 남짓한 짧은 준비 기간이었지만 '서울예울단' 선생님들의 지도하에 발성과 연기에 관해 많은 것을 배울 수 있었습니다. / 한 달 후 인제군수님을 비롯한 관객분들에게 성공적인 공연을 보여드릴 수 있어서 보람과 성취감을 느낄 수 있었습니다.

(2) 일인칭 표현 생략하기

자기 소개서는 말 그대로 자기 자신에 대한 글이다. '나', '우리' 등의 일인칭 표현은 군더더기이므로 생략한다. (※ 문맥에 따라서는 일인칭 표현을 넣는 것이 자연스러운 경우도 있다. 아예 쓰지 말라는 의미가 아니라 남용을 하지 말라는 의미이다.)

〈수정 전〉

제가 아주 어릴 적부터 저희 아버지께서는 오디오로 음악을 많이 들으셨습니다. 간접적으로 음악과 친숙해진 저는 어릴 적부터 노래하는 것을 좋아했습니다. 고등학생이 되자 친구들은 아이돌 그룹에 열광했지만 저는 뮤지컬배우를 꿈꾸게 되었습니다.

〈수정 후〉

어릴 적부터 아버지께서는 오디오로 음악을 많이 들으셨습니다. 항상 집안에서 음악을 접하고 따라 부르면서 자연스럽게 음악과 친숙해질 수 있었습니다. 고등학생이 되면서 친구들은 아이돌 그룹에 관심을 가졌지만 저는 뮤지컬 배우에 관심을 가지게 되었습니다.

(3) 문답법 활용하기

문답법은 흥미를 불러일으키는 한편, 읽는 사람을 글 속에 몰입시키는 힘이 있다.

혹시 분재를 좋아하십니까? 평범한 가정에서 1남 3녀 중 막내로 태어나 엄격하신 아버지와 자애로우신 어머니 밑에서 사랑을 받으며 성장했다면 얼마나 좋았겠습니까마는 안타깝게도 저는 그렇지 못했습니다. (…중략…) 비록 가정환경은 남들처럼 좋지 못했지만 오히려 그런 시련이 있었기 때문에 저는 더욱 강하고 바르게 성장할 수 있었습니다. 분재를 좋아하신다면 한번 상처와 옹이가 많은 나무를 쓰다듬어 보십시오. 더욱 강하고 단단하게 여물어 있음을 아실 수 있을 것입니다.

(4) 대구법 활용하기

유사한 문장구조가 짝을 이루는 대구법은 내용을 강조하면서 글에 리듬감과 안정감을 준다.

저의 장점은 어떠한 시련과 고난도 뚫고 나갈 수 있는 강한 의지와 끈기가 있다는 점입니다. 오직 노력 하나로 걸림돌이었던 가정환경도 디딤돌 삼아 딛고 일어섰고 연약했던 육체도 강인하게 바꾸었습니다.

(5) 인용하기

속담이나 명언, 사자성어, 책의 구절 등을 인용하는 방법은 적절하게 사용하면 지적인 인상을 줄 수 있다. 그러나 과도하게 사용하면 말만 번드르르한 느낌을 줄 수 있으므로 주의해야 한다. 대입 자소서는 학생 글답게 우직하고 솔직한 것이 최고의 미덕이다.

말콤 글레드웰의 '아웃라이어'라는 책에 의하면 누구든 하루 3시간씩 10년을 빠짐없이 연습하면 그 분야의 대가가 될 수 있다고 합니다. 비록 3시간까지는 아니지만 저는 남들보다 2시간 일찍 일어나서 영어회화를 공부했습니다. 국제협력 분야에서 일하고 싶은 저의 꿈을 이루기 위해서는 유창한 영어회화실력이 필수적이기 때문입니다.

(6) 감정적인 표현 순화하기

자소서를 쓰다보면 자신의 감정을 주체하지 못하고 폭풍처럼 쏟아내는 경우가 많다. 그럴 경우 비속어를 남발하기도 하고 문법에 맞지 않는 문장도 사용하게 된다. 힘들었던 경험일수록 감정을 절제하고 담담하게 써야 한다.

〈수정 전〉

가장 친했던 친구마저 저를 따돌리자 저는 완전히 열이 받았습니다. 그래서 그 친구를 따로 만나 도대체 네가 뭔데 나한테 이러냐며 막 따졌습니다. 그 친구는 잠시 머뭇거리더니 저랑 친하게 지내면 자기까지 왕따를 당할까봐 그랬다고 변명을 했습니다. 저는 완전 화가 나서 그 자리에 주저앉아 그만 울음을 터뜨리고 말았습니다.

〈수정 후〉

가장 친했던 친구마저 저를 따돌리자 마음이 상했습니다. 그래서 그 친구를 만나서 그 이유를 캐물었습니다. 친구는 잠시 머뭇거리더니 저랑 친하게 지내면 자신마저 왕따를 당할까봐 두려웠다고 털어놓았습니다. 저는 왕따를 당한 것은 물론 그로 인해 소중한 친구마저 잃게 된 것이 몹시 슬펐습니다.

(7) 과장하지 않기

자소서를 읽다 보면 학생의 자소서인지 위인전인지 분간이 되지 않을 때가 있다. 자신을 PR하려고 지나치게 과장을 하면 오히려 상대에게 불신을 심어주게 된다. 자신의 장점이 최대한 드러나도록 '편집'은 하되 '과장'은 하지 말아야 한다.

〈수정 전〉

회장이라는 직책을 맡은 것은 처음이어서 어떻게 동아리를 운영해야 할지 많은 고민을 했습니다. 그래서 한 달에 한 번 동아리 계획 시간을 가져 모두의 의견을 반영하였고 모둠 활동으로 부원 간의 협동을 도모했습니다. 그 결과 의욕이 없던 부원들은 모두 적극적으로 나서서 죽어있던 동아리는 학교의 자랑거리로 다시 태어났습니다. 저 또한 각양각색의 부원들을 하나로 묶고 이끄는 히딩크와 같은 소통의 리더십을 갖추게 되었습니다.

〈수정 후〉

회장이라는 직책을 맡은 것은 처음이어서 어떻게 동아리를 운영해야 할지 많은 고민을 했습니다. 그래서 한 달에 한 번 동아리 계획 시간을 가져 모두의 의견을 반영하였고 모둠 활동으로 부원 간의 협동을 도모했습니다. 그 결과 의욕이 없던 부원들도 조금씩 적극적으로 변해갔습니다. 저 또한 다양한 의견을 합리적으로 조율하고 더 큰 목표를 향해 함께 나아가도록 독려하는 방법을 배우게 되었습니다.

⑻ 접속사 남발하지 않기

접속사는 조미료와 같다. 필요한 만큼만 쓰면 감칠맛이 나지만 남발하면 느끼하다. 청산유수 같고 느끼한 글보다는 약간 딱딱해도 담백한 글이 낫다.

〈수정 전〉

고등학교 1학년 때 수학 성적이 나오지 않아서 고민하던 친구가 있었습니다. 그래서 그 친구는 인터넷 강의도 들어봤지만 성적이 오르지 않았습니다. 결국 그 친구는 저에게 수학 개인 과외를 해 달라고 부탁했습니다. 왜냐하면 저는 어릴 적부터 수학에 관심이 많아서 수학에 약한 친구들을 곧잘 도와주었기 때문입니다. 하지만 저도 축제준비와 내신으로 몹시 바빴기 때문에 선뜻 수락하기가 어려웠습니다. 그럼에도 불구하고 친구의 수학 성적 향상을 위해 저는 매일 방과 후 30분씩 친구에게 수학을 가르쳐주기로 했습니다.

〈수정 후〉

고등학교 1학년 때 수학 성적이 나오지 않아서 고민하던 친구가 있었습니다. 인터넷 강의도 들어봤지만 성적이 오르지 않자 결국 그 친구는 저에게 수학 개인 과외를 해 달라고 부탁했습니다. 저는 어릴 적부터 수학에 관심이 많아서 수학에 약한 친구들을 곧잘 도와주었습니다. 축제준비와 내신으로 몹시 바빴지만 친구의 수학 성적 향상을 위해 매일 방과 후 30분씩 친구에게 수학을 가르쳐주기로 했습니다.

(9) 논리적으로 비약하지 않기

우리는 글을 쓰면서 자신도 모르는 사이에 수많은 논리적 비약을 한다. 논리적 비약이란 전제가 충분하지 않거나 부정확한 상태에서 중간 단계를 건너뛰고 결론을 내리는 것을 말한다. 예를 들어 '내일 비가 올 것 같아서 잠이 안 온다'는 논리적 비약이지만 '내일 비가 올 것 같은데 소풍을 못 가게 될까봐 걱정이 되서 잠이 안 온다'는 논리적 비약이 아니다. 논리적 비약이 되지 않도록 중간 단계를 넣어주자.

〈수정 전〉

자연과학과 달리 공학은 인간의 편의를 추구하는 실용학문이라는 측면에서 융합적인 지식을 아우르는 것이 중요합니다. 그래서 저는 전자공학과 기계공학이 융합된 '메카트로닉스' 분야를 연구하고자 합니다.

〈수정 후〉

자연과학과 달리 공학은 인간의 편의를 추구하는 실용적인 측면이 강합니다. 인간의 삶은 물리학, 화학, 기계공학, 전자기공학, 컴퓨터공학 등 매우 다양한 분야가 복잡하게 얽혀있기 때문에 공학과 같은 실용학문은 다양한 분야의 지식을 융합적으로 아우를 수 있어야 합니다. 그래서 저는 전자공학과 기계공학이 융합된 '메카트로닉스' 분야를 연구하고자 합니다.

(10) 분량에 꽉 맞추어 쓰기

　식당에 갈 때도 같은 값, 같은 맛이면 양을 많이 주는 집이 좋다. 분량을 준수하는 것은 최소한의 성의를 보여주는 것이다. 1000자 이내를 요구한다면 995자~999자로 최대한 1000자에 꽉 맞추어 써 주자. 소위 SKY라고 불리는 명문대에 합격한 학생들의 자소서는 분량을 꽉 채운다는 공통점이 있다. 학습태도에서의 성실함이 자소서를 작성할 때도 나타나는 것이다.

	목적성	구체성	차별성	체계성	표현성
주장	– 지원하는 대학과 학과에서 요구하는 키워드가 잘 드러났는가 ▢		– 인상적인 첫 문장으로 시작했는가 ▢	– 두괄식으로 구성되었는가 ▢	– 짧고 간결한 문장으로 썼는가 ▢
근거	– 남에게 호감을 줄 수 있을 만한 에피소드인가 ▢	– 6하원칙이 드러났는가 ▢ – 문제, 해결, 결과가 드러났는가 ▢ – 숫자와 고유명사가 드러났는가 ▢	– 소제목을 적절하게 활용했는가 ▢ – 키워드가 드러났는가 ▢ – 상징물을 적절하게 활용했는가 ▢	– 단락을 적절하게 구분했는가 ▢ – 주근깨 구조에 맞추어 썼는가 ▢	– 일인칭 표현을 남발하지 않았는가 ▢ – 문답법, 대구법, 인용법 등을 적절하게 활용했는가 ▢ – 감정적인 표현을 쓰지 않았는가 ▢ – 과장이나 논리적인 비약은 없는가 ▢ – 접속사를 남발하지 않았는가 ▢ – 분량에 꽉 맞추어 썼는가 ▢
깨달음	– 배우고 느낀 점이 잘 드러났는가 ▢ – 학과 연관성이 잘 드러났는가 ▢	– 미래에 대한 구체적인 포부가 드러났는가 ▢	– 다양한 서술어를 활용했는가 ▢	– 에피소드와 배우고 느낀 점이 적절하게 마블링 되었는가 ▢	

합격 수기

안녕하세요!

수○○에서 선생님 자소서 강의를 통해 매우 많은 도움을 얻어 인생이 바뀐 학생입니다.

저는 모의고사 등급이 평균 6등급대로 제가 생각한 전략은 6입사를 통한 방법밖에 없었습니다.

글도 처음 써봤는지라 너무 막막했고 글솜씨도 전혀 없고... 그냥 어떻게 해야 할 지 길을 찾지 못하다가 우연히 선생님의 강의를 보게 되었습니다.

어디 누가 딱히 가르쳐주고 고쳐줄 사람이 없었기 때문에 정말 저에게 엄청나게 소중한 강의였습니다.

처음에는 초등학교 수준의 글로 자기소개를 썼었지만 선생님의 강의를 통해 점점 틀을 잡아가며 완성할 수 있었고, 무료로 학생들을 위해 강의하시는 선생님에게 정말 감사한 마음만 들었습니다.

그 결과 저는 인서울 4년제 대학 6개를 모두 입사전형으로 썼고 전부 1차가 합격해버리는 놀라운 결과가 나왔습니다.

저의 스펙으로 인한 비중도 있었을 테지만 선생님 강의의 자소서 표현기술이 무시할 수 없을 정도로 큰 영향을 미쳤다고 생각합니다. 1000자 내로 그것들을 야무지게 보여주는 게 더 어려우니까요.

그리고 지금 저는 건국대와 동국대를 포함한 4개 대학을 전부 합격했습니다 ㅠㅠ

정말 선생님께 너무 감사드리구요~ 어떻게 보답해야할지 모르겠고ㅠ 너무 감사한 마음만 들어서 메일 보냅니다~~

행복하세요!!

_건국대 동국대 숭실대 아주대 등 인서울 4개 대학 합격 문○○

PERFECT
S E R I E S

1장 문항별 작성요령

자소서는 질문에 대한 답이다.

문항별 질문의도를 알아야 제대로 된 답을 할 수 있다.

2

퍼펙트 자소서 합격사례

2장 자소서 합격예문
백문이 불여일견! 따끈따끈한
2015학년도 실제 합격 예문을 통해 자소서의 감을 잡자!

1 공통문항 1번: 학습경험 쓰는 법

공통문항 1번의 질문 의도

> 1. 고등학교 재학기간 중 학업에 기울인 노력과 학습 경험에 대해, 배우고 느낀 점을 중심으로 기술해 주시기 바랍니다. (1,000자 이내)

공통문항 1번의 질문 의도: 이 학생의 문제 해결 능력과 성실성을 알고 싶다.

공통문항 1번에서 표면적으로 묻고 있는 것은 말 그대로 재학기간 동안 학업에 기울인 노력과 경험이다. 이때 '배우고 느낀 점을 중심으로' 기술하라는 말이 중요하다. 한 마디로 결과만 나열하지 말고 (예: 3등급이었던 수학이 1등급으로 오르는 쾌거를 이루었습니다) 그 과정에서 배우고 느낀 점을 서술하라는 의미이다.

대학 측이 공통문항 1번에서 이면적으로 묻고 싶은 것은 우선 '문제 해결 능력'이다. 즉, '학업과 관련해서 자신에게 어떤 문제점이 있었고 그것을 어떤 방법을 통해서 극복했으며 그래서 어떤 결과가 나왔다' 이것이 알고 싶은 것이다. 단순화시키면 '문제/해결/결과'로 나눌 수 있다. 이 중에서 가장 중요한 것은 '해결(어떻게 했는지)', 즉 과정이다.

공통문항 1번에서 그 다음으로 묻고 싶은 것은 '성실성'이다. 얼마나 끈기를 가지고 지속적으로 학습을 했느냐가 중요하다. 성적이 폭발적으로 오르지 않았거나 1~2 등급이 아니더라도 괜찮다. 어떤 과목의 3학년 1학기 성적이 4등급이더라도 6등급부터 오른 것이라면 의미가 있다. 성실성은 문제 해결 과정을 통해서 자연스럽게 어필해주면 된다.

이 때 학습경험을 남들과 얼마나 차별화되게 쓰느냐가 중요하다. 야간자율학습, 스터디 플래너 작성, 친구 멘토링, 오답노트 작성, EBS 시청… 아마 대다수의 학생들이 위의 범주에서 크게 벗어나지 못 할 것이다. 어떻게 하면 좋을까?

배우고 느낀 점으로 차별화하라

'결과'보다 '과정'과 '배우고 느낀 점'을 통해서 차별화할 수 있다. 사실 고3 학생들의 경험은 비슷하기 때문에 독특한 활동으로 차별화하기는 힘들다. 하지만 같은 활동을 하더라도 배우고 느낀 점은 각자 다르다. 진정한 차별화는 배우고 느낀 점을 통해서 나타난다. 그러나 많은 학생들이 '배우고 느낀 점'을 쓸 때 '보람을 느꼈다', '의지력을 키울 수 있었다' 등등 단편적인 감상이나 소감만으로 끝낸다.

깊이 있는 '배우고 느낀 점'을 쓰려면 조건반사적인 감상에서 벗어나 그 일을 통해 정말로 자신이 무엇을 배우고 느꼈는지 성찰해 보아야 한다. 또한 앞에서 배웠듯이 자신의 생각과 느낌을 다양한 서술어를 통해서 표현해야 한다. 예를 들어 학생 A와 학생 B가 모두 EBS를 시청하고 수학을 4등급에서 2등급으로 올렸다고 가정해 보자. 다음은 학생 A의 자소서이다.

[학생 A]

1학기 내내 수학 성적이 3등급에 머물러 있었습니다. 그래서 EBS를 꾸준히 시청했고 결국 2학기 말에는 2등급까지 향상시키는 쾌거를 이루었습니다. 이 일을 계기로 저는 수학에 자신감을 가지게 되었을 뿐만 아니라 학업에 흥미를 느끼게 되었습니다.

학생 A의 자소서는 겉으로는 그럴싸해 보이지만 진정한 자신만의 생각이 담겨있지 않다. 인터넷에 떠도는 자소서나 친구, 선배의 자소서를 보고 '자소서는 원래 이렇게 쓰나보다' 하고 조건반사적으로 흉내 낸 것이다. 다음으로 학생 B의 자소서이다.

[학생 B]

1학기 내내 수학 성적이 3등급에 머물러 있었습니다. 그 원인을 분석한 결과 기본적인 개념이 부족한 채 문제풀이만 반복했기 때문이라는 점을 알게 되었습니다. 그래서 EBS를 시청하며 기본 개념을 숙지함은 물론 교과서에 나오는 예제를 통해 기본 개념을 확실히 다졌습니다. 그 결과 2학기 말에는 수학성적이 2등급까지 향상되었습니다. 이 과정을 통해 저는 문제를 해결하기 위해서는 정확한 원인 분석이 필요하다는 것을 배울 수 있었습니다. 또한 최선을 다한 꾸준한 노력은 결코 배신하지 않는다는 자신감도 얻게 되었습니다. 이런 깨달음과 자신감을 바탕으로 국어와 영어 과목도 3등급에서 2등급으로 향상시킬 수 있었습니다.

같은 내용도 이렇게 다르게 쓸 수 있다. 남들이 어떻게 할지 예측하고 그보다 반걸음만 더 나아가면 된다. 남들이 해결과정만 쓴다면 원인까지 분석하자. 남들이 한 단계로 쓴다면 좀 더 세분화된 단계로 쓰자. 남들이 단편적인 감상만 적었다면 좀 더 깊이 있는 깨달음을 쓰고 그것을 다른 영역까지 확장시키자. 상대방의 수를 예측하고 더 나아가서 미리 반응하는 것. 이것이 차별화를 불러오는 자소서의 카운터 전략이다.

학과연관성 드러내기

공통문항 1번에서 학과연관성(전공적합성)을 드러내는 방법은 다음과 같다.

첫째, 지원 학과와 직접적으로 연관되는 과목의 학습경험을 쓴다.(예: 영어 → 영문학과)

둘째, 지원 학과와 간접적으로 연관되는 과목의 학습경험을 쓴다.(예: 국어 → 문학적 감수성, 언어적 센스 → 마케팅학과)

셋째, 지원 학과를 쪼개서(예: 국어교육과 → 국어/교육) 각각의 분야와 직접적으로 관련된 학업 경험을 쓴다.(국어 → 국어/멘토링 → 교육)

넷째, 지원 학과를 쪼개서(예: 환경공학과 → 환경/공학) 각각의 분야와 간접적으로 관련된 학업 경험을 쓴다.(지구과학, 생물 → 생태계에 대한 관심 → 환경/수학 → 논리적 사고력, 문제해결력 → 공학)

중요한 것은 과목 자체가 아니라 그 과목을 통해 드러낼 수 있는 키워드이다. 과목과 지원 학과는 직접 연결되는 것이 아니라 키워드의 매개로 연결된다는 점을 잊지 말자. 이것만 명심하면 어떤 과목이라도 지원 학과와 연결시킬 수 있다.

[교육학과]

1학년 때 독서토론대회에 참가하며 농업경제학을 공부한 경험이 있습니다. '육식의 종말'이라는 책에서 저자 제리미 리프킨은 '제3세계의 기아문제는 가축이 세계 곡물의 절반을 먹어치우기 때문'이라는 주장을 했습니다. 이러한 주장에는 논리적 비약이 있었지만 이것을 객관적으로 입증할 자료가 없었습니다. 그래서 저는 농업경제학 개론서를 통해 세계 농업구조의 발달사를 공부하고, 식량수급정책과 농업보호정책을 공부했습니다. 또한 국회전자도서관에서 식품경제 관련 논문을 찾아보면서 곡물 이동 그래프와 수치 곡선들을 공부하고, 이준구 교수님의 경제학개론을 읽으면서 기본적인 경제학 개념을 익혔습니다. 그 결과 교내 독서토론 경진대회에서 저자의 입장을 옹호하는 상대팀의 주장을 객관적인 자료를 근거로 논박하고 금상을 수상했습니다. 이러한 경험을 통해서 학문적 의문이 생길 때는 비록 상대가 책의 저자일지라도 권위에 굴복하지 않고 객관적인 자료를 바탕으로 판단해야 함을 알게 되었습니다. 또한 문제를 해결하기 위해서는 능동적인 자세로 다양한 경로를 통해 자료를 찾고 종합하는 노력이 중요하다는 사실을 깨달았습니다.

3학년 때는 학생 간 갈등을 주제로 하는 논문을 작성하며 논문통계 이론을 자기주도적으로 학습했습니다. 설문지 분석은 전문적인 지식이 없어서 힘들었지만 첫 논문이니만큼 통계분석도 스스로의 힘으로 해보고 싶었습니다. 우선 도서관에서 기초논문통계 서적을 빌려서 회귀분석이나 신뢰도, 통계모형 등의 기본 개념을 익혔습니다. 또한 인터넷으로 통계분석 프로그램 SPSS 강좌를 수강해서 실무에 필요한 통계학 이론을 배우고 궁금한 점은 통계 전문가의 블로그에 질문을 해서 해결했습니다. 비록 최종적으로 오차가 있는 부분은 담당 선생님의 검수를 받기는 했지만 처음부터 도움을 받는 것보다 훨씬 많은 지식과 자신감을 얻을 수 있었습니다. 수능을 앞둔 3학년임에도 불구하고 새로운 분야에 지적 호기심을 느끼고 도전한 경험은 후에 대학에서 교육학을 연구할 때도 큰 자산이 될 것이라고 생각합니다.

위 예문은 전형적인 주근깨 구조와 문제해결전략으로 구성되어 있다. 또한 에피소드와 지원 학과도 밀접하게 연관된다. 첫 번째 에피소드에서는 객관적이고 능동적인 연구자세가 드러나 있고 두 번째 에피소드에서는 지적호기심과 열정이 드러나 있다. 모두 지원 학과와 관련된 키워드들이다.

합격수기처럼 써라

공통문항 1번은 진솔한 합격수기처럼 써야 한다. 여러분이 지원 대학, 지원 학과에 이미 합격했다고 상상해 보자. 후배들이 여러분을 찾아와서 이렇게 묻는다. "선배

님은 어떻게 공부해서 합격하셨어요?" 여러분은 폼을 잔뜩 잡고 말한다. "물론 쉽진 않았지. 우선 국어를 공부할 때는 말이야…" 이런 식으로 여러분이 후배들에게 자신 있게 대답해줄 수 있는 그 말, 바로 그 말이 공통문항 1번에서 요구하는 것이다. 합격 수기는 '베리타스 알파'나 'EBSi' 등 입시사이트를 찾아보면 얼마든지 볼 수 있다. 다음은 건국대학교 국어국문학과 학생의 합격수기를 바탕으로 재구성한 공통문항 1번 예문이다.

[국어국문과]

꿈은 때때로 사람을 가보지 못한 길로 이끕니다. 저는 시인이 되어 많은 사람들을 감동시키고 싶다는 꿈을 추구하며 새로운 길을 많이 가 보았습니다. 남들보다 이른 길을 가기도 했습니다. 시 창작 때문에 확보하기 힘들었던 학습량을 늘리고자 항상 반에서 가장 먼저 등교해서 공부했습니다. 성실한 태도는 성적 향상으로 이어졌고 국어와 현대문학 과목의 점수가 오르면서 교내외 장학생으로 선발되었습니다. 한국고전에 대해서 영어 교과 담당이신 원어민 선생님께 소개하고 싶어서 사전을 뒤져가며 설화들을 설명하였고 덕분에 영어교과와 전공창작과목에서 좋은 성적도 유지할 수 있었습니다.

때로는 남들과 함께 길을 걷기도 했습니다. 방과 후 교내 예술토론 동아리에서 창선감의록에 나타난 서사구조를 발표하여 호평을 받았습니다. 또한 교내에 세계문학세미나를 열어 작품 속 주제를 현실사회문제와 연결 지어 토의를 진행했습니다. 가장 중점적으로 한 활동은 교내 창작 수업이었습니다. '단어노트'를 작성하여 매일 주어진 단어와 관련된 시적 문장을 세 줄 정도 적었고 이 과정을 통하여 사물의 깊고 풍부한 의미를 발견하게 되었습니다. 또한 시적 대상과 정반대의 의미를 가진 사물을 연결 지어 오랫동안 생각해보곤 했습니다. 모든 반대는 언제나 서로 맞닿아 있다는 생각에 '갓 잡은 돼지의 뜨거운 뱃속'을 '피어나는 동백꽃 무리'로 비유하기도 했습니다.

남들이 가지 못한 저만의 길을 가기도 했습니다. 관찰력 향상을 위하여 친구들과 철거촌이나 수목원 등 시의 배경으로 쓸 장소를 탐방하여 글을 쓰기도 했습니다. 특히 2학년 때 부산 용호동 철거촌을 방문하고 쓴 시 '철거촌의 고양이'는 학생의 날 기념 교내 백일장에서 장원을 수상하였으며 학교 예술제에서 삼년 동안 학과 대표로 시낭송도 하였습니다. 이렇게 시를 향한 열정을 묶어서 2학기 때는 '봄내'라는 제목으로 한권의 문집을 출간했습니다. 비록 정식 출간은 아니었지만 제 이름이 들어간 시집을 친구들이 읽고 감동하는 모습을 보고 제가 앞으로 걸어가야 할 문학의 길을 다시 한 번 확신할 수 있었습니다.

위 예문의 각 단락은 '남들보다 이른 길을 간 적도 있습니다.', '남들과 함께 길을 걸은 적도 있습니다.', '나만의 길을 간 적도 있습니다.'와 같이 '길'을 상징물로 삼아 유기적으로 연결되고 있다. 1번 항목을 기계적으로 500자 에피소드 2개로 구성하는 것이 도식적으로 느껴진다면 위 예문처럼 하나의 컨셉을 여러 단락으로 세분화시키는 것도 좋은 차별화 전략이다.

다음으로 글의 마무리를 보자. '제가 앞으로 걸어가야 할 문학의 길을 다시 한 번 확신할 수 있었습니다.'라는 마무리 멘트는 '꿈은 때때로 사람을 가보지 못한 길로 이끕니다.'라는 첫 문장과 호응을 이루면서 앞으로의 포부까지 자연스럽게 드러내고 있다. 지나친 미사여구는 독이 되기도 하지만 이 예문은 지원 학과(국어국문과)의 특성에 맞춰서 약간의 문학적 센스를 가미해 주었다. 자잘한 학습경험들을 관련 있는 카테고리로 묶어서 제시하고 있는 점도 눈여겨보자.

공통문항 2번의 질문의도

> 2. 고등학교 재학기간 중 본인이 의미를 두고 노력했던 교내 활동을 배우고 느낀 점을 중심으로 3개 이내로 기술해 주시기 바랍니다. 단, 교외 활동 중 학교장의 허락을 받고 참여한 활동은 포함됩니다. (1,500자 이내)

공통문항 2번의 질문의도: 이 학생의 전공 적합성과 열정을 알고 싶다.

공통문항 2번은 지원 학과와 가장 밀접한 관련을 가지는 문항이다. 공통문항 2번을 통해서 대학 측이 우선적으로 알고 싶은 것은 이 학생이 지원 학과에 얼마나 적합한 인재냐는 것이다. 교내 활동은 당연히 지원 학과와 관련되는 것으로 선별해야 하고 UDT 분석을 통해 지원 학과에 적합한 키워드를 추출해야 한다.

많은 학생들이 '공통문항 2번에서 활동을 꼭 3가지 다 써야 하나요?'라고 묻는다. '3개 이내'라고 했으니까 있는 그대로 해석하면 3개를 다 써도 좋고 2개를 써도 좋고 1개만 써도 좋다. 하지만 활동을 3개 이내로 제한한 것은 기본적으로 에피소드 3개를 요구한다는 의미니까 웬만하면 3개를 다 채워주는 것이 좋다. 그것이 힘들다면 에피소드 2개를 구체적으로 쓰는 것도 좋다. 당연히 1개만 쓰는 것은 피해야 한다.

공통문항 2번은 가급적 교내 활동 위주로 써야한다. 진정성 있는 교내 활동만으로도 얼마든지 자신의 가치를 입증할 수 있다. 대학 측에서 관심을 가지는 것은 '지원 학과와 관련하여 이 학생이 얼마나 충실하게 교내 활동을 하고 그것을 통해 자신의 자질을 향상시켰는가'이다. 학교장이 허락한 교외 활동은 예외적으로 인정하지만 기본적으로 교내 활동 위주로 쓰는 것이 안전하다.

공통문항 2번 내용 생성하기

　교내 활동이 반드시 학교에서 주관하는 단체 활동만을 의미하는 것은 아니다. 교내활동을 '재학기간 중 본인이 진로를 위해 노력했던 경험의 총체'라고 약간 넓게 해석한다면 쓸 거리가 훨씬 많아진다. 자신이 그 활동을 통해 깨닫고 느낀 점이 있다면 학급 1인 1역이나, 청소당번, 급식당번 등 사소한 것도 좋다. '국어교육과'를 지원한다고 가정하고 교내 활동에 쓸 만한 예를 몇 가지 정리해 보았다.

[국어교육과]

활동 영역	구체적인 예
창의적 체험 활동 (자율, 동아리, 봉사, 진로)	– 자율: 학교 축제 때 시화전 출품, 졸업식 때 송사 낭독, 스승의 날 일일교사 체험, 교내 백일장 참가 등 – 동아리: 독서토론 동아리 활동, 전국 동아리 페스티벌 참가(학교장 승인), 동아리 활동집 발간, 동아리 보고서 발표회, 동아리 회장으로서의 활동 – 봉사: 국어 또래 멘토링 봉사 활동, 실버홈 노인 양로원 책 읽어 드리기 봉사활동, 노인 양로원 편지 쓰고 읽어드리기 봉사(+한글 가르쳐 드리기), 학급 게시판 관리 봉사, 학급 인터넷 카페 관리 – 진로: 1일 진로박람회 체험 활동, 작가 인터뷰, 작가에게 편지 쓰기, 진로 특강에서 느끼고 배운 점, 국어교육과에 진학한 졸업한 선배 만나서 조언 듣기, 국어 선생님과의 진로 상담
개인적인 자질을 발휘하여 성과를 가져온 경험	– 개인 작품집 발간 – 학술동아리 발표회에서 '남북한의 언어 비교' 소논문 발표 – 또래 멘토링으로 친구의 국어 성적 향상
관심 활동을 심화시키고 다른 활동으로 발전시켜 나간 경험	– 습작 활동을 하며 시에서 소설, 시나리오로 관심 영역 확대 – 미술 동아리와 협력한 4컷 웹툰 제작(스토리 제공) – 사자성어 학습 안드로이드 앱 개발 – 또래 멘토링을 하며 국어뿐만 아니라 교육학에도 관심을 가지게 됨
다양한 분야의 경험을 융합하여 성장한 경험	– 학생회 선거인단으로 활동하며 설득하는 글쓰기(마케팅, 광고카피)에 관심을 가짐 – 국어 수업시간을 통해 능동적인 참여와 발표식 수업의 중요성을 깨달음 – '모둠소설쓰기' 수행평가를 통해 집단창작의 효과와 의사소통의 중요성을 깨달음

활동 영역	구체적인 예
일반적인 활동이라도 지원자에게 의미 있었던 경험	− 1년에 30권 책 읽기 프로젝트 − 1인 1역 학급 출석부 관리(책임감) − 친구들 고민 상담(배려심, 소통) − 학급 문고 관리 담당

단락 구성 및 분량 안배

공통문항 2번을 작성할 때는 단락 나누기 및 분량 안배에 주의해야 한다. 에피소드 개수만큼 단락을 나누는 것이 일반적이다. 에피소드 사이의 연관성에는 지나치게 집착하지 않아도 괜찮다. 에피소드가 3개라면 약 500자 씩, 에피소드가 2개라면 약 750자 씩 안배한다.

[수정 전]

디자인에 관심이 많아서 폐가 벽화 그리기 봉사 활동에 참여했습니다. (중략) 벽화그리기에서의 경험을 발판삼아 학교 환경 미화에도 동참하여 지저분한 창고에 페인트를 칠하고 문양을 그려 넣었습니다. (중략) 이런 활동에서 보여준 미적 감각을 인정받아서 ○○조형예술대학에서 주최하는 디자인 캠프에 지원하여 건축디자인에 관한 시야를 넓힐 수 있었습니다. (중략)

⇒ 의외로 이런 자소서를 잘 쓴 자소서라고 착각하는 학생들이 많다. 에피소드를 억지로 연결시키느라 단락이 구분되지 않아서 읽기가 힘들다. 내용을 떠나 형식적으로 가독성이 떨어진다.

[수정 후]

〈디워: 디자인은 아름다워〉

디자인 동아리 '디워'에서 활동하며 벽화그리기 봉사 활동에 참가한 적이 있습니다. 이 활동을 통해 교내에 흉하게 방치된 창고를 페인트칠을 새로 하고 일러스트를 그려 넣어 아늑한 휴식공간으로 탈바꿈시켰습니다. (중략) 이 활동을 통해 창의적인 디자인이 우리의 생활을 얼마든지 아름답고 편하게 바꿀 수 있다는 사실을 알게 되었습니다.

〈아톰과의 악수〉

교내 과학탐구 동아리 '아톰'과 협력하여 교내 발명품 경진대회에 참가한 경험도 소중했습니다. '아톰'이 제품 설계를, 저희가 디자인을 맡아 출품한 '걸이형 지하철 손잡이'는 기능성뿐만 아니라 미적 측면에서도 좋은 반응을 얻었고 결국 최우수상을 수상하였습니다. (중략) 이 활동을 통해 우리의 생활에서 제품의 기능뿐만 아니라 디자인도 중요한 요소라는 점을 깨닫게 되었습니다.

〈포트폴리오, 이 열정을 어찌 하리오〉

포트폴리오를 만들어본 경험을 통해서 디자인에 대한 제 열정을 확인할 수 있었습니다. 디자이너로서 저의 꿈을 이루기 위해 1학년 때부터 자발적으로 작성하기 시작한 제품 및 건축 디자인 포트폴리오가 3학년 1학기가 되자 어느새 50장짜리 스케치북 8권이 되었습니다. (중략) '고귀한 것은 열정이 아니라 지속성에 있다'는 말이 있습니다. 저는 이 말을 '지속성도 고귀한 열정이 있어야 가능하다'는 말로 바꾸고 싶습니다. 포트폴리오는 대입증빙자료를 떠나 저 자신의 창의성과 열정을 증명할 수 있다는 점에서 자랑스럽게 생각합니다.

일단 시각적으로 깔끔하다. 단락 구분이 명확하고 학과연관성 측면에서 3개의 에피소드가 모두 '디자인학과'와 직간접적으로 연관되어 있다. 또한 '창의성'을 공통된 키워드로 잡으면서도 '동아리활동 – 협력 활동 – 개인 활동'으로 카테고리가 겹치지 않는다. 재치 있게 소제목을 지은 센스도 눈여겨보자.

공통문항 2번 예문

각각의 에피소드가 지원 학과와 어떻게 연결되는지 주목하자.

[국어교육과]

〈유혹하는 멘토링〉

고2때 친구에게 국어 멘토링을 하며 학습자의 눈높이에 맞춘 교육의 중요성을 깨달았습니다. 친구는 국어에 완전히 흥미를 잃어버리고 멘토링에 불참하거나 지각하는 일이 잦았습니다. 기초적인 학력이 부족하여 문제를 봐도 이해할 수 없다고 했습니다. 그래서 저는 문제집을 과감하게 접고 대화와 토론으로 기초 개념 및 독해력부터 다졌습니다. 친구의 질문에 성심껏 답해주었고 저도 모르는 것은 선생님께 여쭤 보고 다시 알려주었습니다. 그 결과 친구는 점차 국어에 흥미를 가지게 되었고 기말고사 국어성적이 2등급이나 향상되었습니다. 덕분에 친구와 저는 멘토링 성적 우수자로 표창장을 받게 되었습니다. 말을 물가에 끌고 갈 수는 있지만 억지로 물을 먹게 할 수는 없다는 말이 있습니다. 친구를 멘토링한 경험으로 학습에는 학습자의 흥미와 관심이 무엇보다도 중요하다는 점을 깨닫게 되었습니다. 나중에 국어교사가 된다면 학습자의 수준을 고려한 참여식 수업으로 말이 스스로 물가를 찾을 수 있도록 노력하겠습니다.

〈소설 네트워크〉

평소 소설에 관심이 많았던 저는 고1부터 고3 1학기까지 소설 창작 동아리 '소설 네트워크'에서 활동하며 체계적인 학습의 중요성을 깨닫게 되었습니다. 처음에는 무엇부터 시작할지 엄두가 안 나서 몇 시간이고 빈 모니터만 바라보았습니다. 모처럼 아이디어가 떠올라서 의욕적으로 시작해도 얼마 못 가 스토리가 꼬이고 흐지부지되고 말았습니다. 지도 선생님께서 우선 신문을 읽고 여러 사건들을 결합해서 내용을 생성하라고 가르쳐주셨습니다. 그 후 줄거리를 먼저 만들고 줄거리를 바탕으로 장면을 나누어 각 장면을 시나리오처럼 만들었습니다. 마지막으로 시나리오를 바탕으로 소설화하자 한 편의 단편 소설이 완성되었습니다. 처음에는 이러한 방법이 거추장스러웠지만 이런 식으로 1년 동안 두 편의 단편소설을 완성하자 체계적인 창작법의 중요성을 깨닫게 되었습니다. 부원들은 각자 창작한 소설을 모아 작품집 '페이크 북'을 발간했고 학교 축제에 전시를 했습니다. 소설 창작 동아리의 경험을 바탕으로 문학을 감상하는 것을 넘어 직접 창작하는 성취감을 느낄 수 있었습니다. 또한 학생들을 지도할 때는 무작정 활동 먼저 시키는 것보다 체계적인 방법을 먼저 알려주고, 결과가 아닌 과정을 도와주는 것이 중요하다는 점도 배울 수 있었습니다.

〈36개의 마음의 창〉

고1부터 고2 2학기까지 진행했던 '1년에 책 30권 읽기' 독서 프로그램을 통해서 사고력을 확장하고 인내력을 기를 수 있었습니다. 무엇보다 힘들었던 점은 중간고사, 기말고사 및 각종 학교 행사로 인해 규칙적인 독서 시간을 확보하지 못한 점이었습니다. 또 혼자서만 책을 읽다보니 갈수록 동기가 저하되는 문제도 있었습니다. 그래서 저는 점심시간이나 쉬는 시간 등의 자투리 시간을 활용하여 1주일에 1~2권씩 꾸준히 독서를 했습니다. 읽은 내용은 감동이 사라지기 전에 감상문을 써서 블로그에 올리고 친구에게 추천했습니다. 무엇보다 월 2회의 독서토론 활동을 통해 끊임없이 동기를 부여하고 토론으로 사고력을 심화시킬 수 있었습니다. 이렇게 1년 동안 36권의 책을 읽어서 교내 최다대출 독서왕으로 선발되었습니다. 하종강 선생님의 '나는 무슨 일을 하며 살아야 할까'를 읽고 그동안 생각지도 못했던 노동문제에 관심을 가지게 되었고 이문열의 '우리들의 일그러진 영웅'을 읽고 학교폭력 문제에 대해 깊이 생각하게 되었습니다. 책은 세상을 바라보는 또 하나의 창이라는 말을 마음에 새기고 보다 많은 학생들에게 마음의 창을 열 것을 권하고 싶습니다.

공통문항 3번 질문의도

> 3. 학교 생활 중 배려, 나눔, 협력, 갈등 관리 등을 실천한 사례를 들고, 그 과정을 통해 배우고 느낀 점을 기술해 주시기 바랍니다. (1,000자 이내)

공통문항 3번의 질문의도: 지원자의 인성과 사회성을 알고 싶다.

공통문항 3번은 학과 연관성이 가장 느슨한 항목이다. 공통문항 3번은 '지원자가 공동체 속에서 남들과 어울려서 잘 지낼 수 있는가?'라는 인성적인 자질을 묻고 있다. 남들하고 어울려서 지내려면 타인을 배려하고, 자신의 것을 나누어 주고, 협력하고, 갈등이 생겼을 때 원만하게 해결해야한다.

공통문항 1번과 공통문항 2번이 특정 학과와 관련된 '능력'을 묻는다면 공통문항 3번은 주로 '인성'을 묻는다. 흔히 직장인들은 이렇게 묻는다. "성격 나빠도 일을 잘하는 사람이 나을까? 일은 못해도 성격 좋은 사람이 나을까?" 여기서 일을 잘하는 것은 '능력'이고 성격이 좋은 것은 '인성'이다. 이 질문에 대한 가장 흔한 대답은 "둘 다 싫고 차라리 일도 웬만큼 하고 성격도 무난한 사람이 좋다."이다. 한 마디로 '능력'과 '인성' 중에 어느 한 가지라도 결정적인 약점이 있는 사람은 같이 일하기 힘들다는 것이다.

대학도 마찬가지이다. 아무리 똑똑해도 사회성이 0인 학생은 뽑기가 꺼려진다. 반대로 아무리 성격이 부처님 같아도 능력이 0이라면 안타깝지만 뽑을 수 없다. 능력과 인성의 적절한 균형이 중요한 것이다. 능력자랑은 공통문항 1번과 2번에서 충분히 했으니 공통문항 3번에서는 인성, 그 중에서도 남과 더불어 사는 사회성을 확실하게 드러내야 한다. 보통 '배려'는 '나눔'과 묶이고 '협력'은 '갈등관리'와 묶인다.

공통문항 3번 내용 생성하기

다음은 키워드별 내용 생성 팁이다.

① 배려: 배려는 기본적으로 '공감'과 '역지사지'(易地思之)의 정신이 드러나야 한다.(예: 몸이 불편한 친구 → 내가 저 아이라면 얼마나 불편할까? → 가방을 들어주거나 유인물을 챙겨줌 / 혼자 전학 온 친구 → 얼마나 외롭고 쓸쓸할까? → 친구들과 어울릴 수 있도록 배려함 등)

② 나눔: 나눔은 기본적으로 '희생정신'이 드러나야 한다.(예: 요양원 봉사 → 나도 수험생이라 시간이 없지만 한 달에 2번씩 시간을 내서 시설을 방문함 / 특정과목이 취약한 친구 → 내가 애써 정리한 자료지만 기꺼이 나눔 / 가정형편이 어려운 친구 → 장학금을 받을 수 있도록 양보하고 배려함 등)

③ 협력: 협력은 기본적으로 '협동정신'이 드러나야 한다. 사람이 항상 좋게 협력할 수만은 없으므로 갈등관리를 함께 언급해도 좋다. '협력'과 '갈등관리'는 정반대 같지만 동전의 양면처럼 붙어있다.(예: 동아리 행사 추진 → 기획, 홍보 등으로 역할을 나눔 → 갈등 발생 → 원만하게 문제 해결 → 좋은 결과)

④ 갈등 관리: 갈등 관리는 기본적으로 '의사소통능력'이 드러나야 한다.(예: 친구들과 행사를 나갔는데 현장에서 행사가 취소됨. → 친구들은 어차피 나왔으니까 시간 맞춰서 놀다가 들어가자고 하고 나는 그럴 수 없다고 함 → 갈등 발생 → 대화를 통해 친구들을 설득(갈등 관리) → 학교로 복귀함. 정직성을 인정받음)

다음은 3번 항목을 작성할 때 사용되는 워크시트의 예이다.

활동 영역	해당 키워드	에피소드
학급/학교 활동	배려	– 지적 능력이 떨어지는 친구들의 도우미 활동 – 전학 온 친구 학교 적응 돕기
학교 행사 (축제, 체육대회, 수학여행 등)	갈등관리	– 축제 학급 댄스 경연대회 안무 선정으로 의견 충돌 – 수학여행 때 함부로 버스를 바꿔 타는 옆 반 아이와 갈등
봉사활동	나눔	– 실버 홈 노인 요양원 말동무 봉사 활동
동아리 활동	협력	– 소설 창작 동아리 문집 발간 역할 분담 – 독서 토론 동아리 서기 활동

공통문항 3번 예문

3. 고등학교 생활 중 배려, 나눔, 협력, 갈등 관리 등을 실천한 사례를 들고 느낀 점을 서술하세요.

2학년 때 소수학과를 위한 진로동아리를 개설한 경험이 있습니다. 당시 교내에는 경제, 수학 등 인기 학과를 지망하는 학생들을 위한 동아리는 많았지만 광고홍보, 디지털영상 등 소수 학과를 지망하는 학생들을 위한 동아리는 거의 없었습니다. 제가 만약 그런 친구들의 입장이라면 답답하고 소외감을 느낄 것 같았습니다. 그래서 저는 선생님의 허락을 받아 소수 학과를 지망하는 친구들을 위한 진로동아리를 개설했습니다. 도서관에 관련도서가 별로 없어서 소셜커머스와 중고 거래를 통해 전자책 단말기 10대를 저렴한 가격에 구입했고 3학년 때는 교육청 진로동아리 공모에 지원해서 100만 원의 지원금을 받았습니다. 그 예산으로 유명 직업인 초청 강연회를 개최해서 진로에 갈등을 겪던 친구들이 현실적인 직업 정보를 얻을 수 있도록 도와주었습니다. 이런 경험을 통해 다수자에 못지않게 소수자의 권리도 소중하다는 사실을 알게 되었으며 소수자의 공정한 교육과 성장의 기회에 관심을 가지게 되었습니다.

2학년 때 중국항일유적지 답사를 하면서 가치관 차이에 의한 갈등을 겪은 적이 있습니다. 광개토대왕릉을 답사할 때 친구 중 한명이 무덤 돌 하나를 슬쩍 주머니에 넣었습니다. 평소에 역사에 관심이 많은 친구였지만 그것은 사실상 훔치는 것과 마찬가지였습니다. 제가 친구의 행동을 막자 친구는 '다른 관광객들도 이렇게 하나씩 가져간다고 하더라. 돌 하나 가져가는 게 무슨 큰 잘못이냐. 나중에 내가 역사를 열심히 연구해서 나라에 보상하면 되는 것 아니냐'고 주장했습니다. 그 말을 듣고 저는 '그런 식으로 문화재가 훼손되고 해외에서 나라 망신시키는 거다. 기본적인 도덕관념 없이 역사 연구를 해봤자 중국이나 일본처럼 역사 왜곡밖에 더 하겠느냐'고 친구를 설득했습니다. 그제서야 친구는 자신이 실수한 것 같다며 무덤 돌을 도로 내려놓았습니다. 그 사건을 계기로 친구의 잘못을 눈감아 주는 것보다는 잠깐 불편하더라도 따끔하게 충고해 줄 수 있는 것이 진정한 의리라는 것을 알게 되었습니다.

첫 번째 에피소드에서는 소수학과를 지망하는 친구들을 위한 '배려'와 '나눔'의 정신이 드러나 있다. "제가 만약 그런 친구들의 입장이라면 답답하고 소외감을 느낄 것 같았습니다."에서 알 수 있듯이 배려와 나눔은 공감을 바탕으로 한다. 두 번째 에피소드에서는 중국항일유적지 답사 중 친구와 다투고 화해한 '갈등관리'를 다루고 있다. 남들보다 구체적인 상황묘사를 통해 차별화를 이끌어내고 있음에 주목하자.

성장 과정 작성 팁

성장과정을 쓸 때 다음과 같은 패턴은 피해야 한다.

① '몇 남 몇 녀의 몇 째로 태어나' 따위의 상투적인 문장으로 시작하는 패턴: 대학은 여러분의 주민등록등본에 관심이 없다. 대학이 관심 있는 단 하나는 '그래서 현재 여러분은 어떤 사람인가'이다.

② '초등학교 때는 ~했고 중학교 때는 ~했고'하는 식으로 연대기 순으로 쓰는 패턴: 단순히 사건을 연대기 순으로 나열하지 말고 자신에게 영향을 준 결정적인 사건을 중심으로 서술해야 한다.

③ '아버지는 ~한 분이셨고 어머니는 ~한 분이셨습니다' 하는 식으로 주변 사람들 소개에 그치는 패턴: 주변 사람을 통해서 궁극적으로 자신의 이야기를 하자. 많은 학생들이 '자기소개서'가 아닌 '가족소개서'를 쓰고 있다.

성장과정을 쓸 때는 다음과 같은 점에 유의해야 한다.

① 인상적인 첫 문장으로 시작하라

성장과정도 학습경험과 마찬가지로 차별화하기 어렵다. 인상적인 첫 문장을 통해 이를 어느 정도 극복할 수 있다. 다음은 성장과정에서 쓸 수 있는 인상적인 첫 문장들이다.

– 혹시 분재를 좋아하십니까? 저희 집은 어릴 때 화초가게를 했습니다.

- 가족은 저에게 버팀목이 아니라 디딤돌이었습니다.

- 아버지는 외로운 분이셨습니다. 제가 고1 때 명예퇴직을 하시고 난 후 아버지의 얼굴을 보는 날보다 등을 보는 날이 더 많아졌습니다.

- 요즘은 평범하게 성장하기가 그렇게 어렵다고들 합니다. 저는 정말 어렵게 자랐습니다.

- 저를 낳아주신 건 부모님이셨지만 저를 키워주신 건 선생님이셨습니다.

- '유전무죄, 무전 유죄'라는 말이 있습니다. 저는 죄 많은 집안에서 태어났습니다.

② 항목 별로 접근하라

성장과정은 연대기 순이 아니라 항목별로 접근해야 한다. 성장과정에 쓰이는 항목은 다음과 같다.

- 가족: 가족들이 나에게 어떤 영향을 미쳤는가

⇒ 가족들의 이야기로 그치지 않고 그것이 자신에게 어떤 영향을 미쳐서 현재 자신이 어떤 장점을 가지게 되었는지 언급해 준다. 일반적인 패턴은 다음과 같다.

아버지는 ~한 분이셨다(주장) → 아버지의 ~한 면을 보여주는 구체적인 사례(근거) → 지원 학과와 관련하여 그것이 자신에게 미친 영향(깨달음)

- 학교: 학교생활이 나에게 어떤 영향을 미쳤는가

⇒ 학교에서 선생님의 영향, 친구들의 영향, 선후배들과의 관계에서 받은 영향, 특정한 학교 활동을 통해서 받은 영향 등을 언급해 준다. 그러한 경험들이 현재 자신의 능력, 인성, 가치관에 어떤 영향을 미쳤는지 말해 주어야 한다.

- 사회: 사회적인 현상이 나에게 어떤 영향을 미쳤는가

⇒ 사회적 차원의 사건이 자신에게 어떤 영향을 미쳤는지 언급해 준다. 예를 들어 경제 불황 때문에 가족이 어려움을 겪은 과정을 통해 얻게 된 깨달음, 정보 통신이 발달하면서 컴퓨터에 관심을 가지게 된 계기, 사회적 사건들을 뉴스나 신문에서 접하고 형성된 가치관 등을 들 수 있다.

– 개인적인 경험: 개인적인 경험이 나에게 어떤 영향을 미쳤는가

⇒ 가족, 학교, 사회로 분류하기 어려운 개인적인 경험이 자신에게 어떤 영향을 미쳤는지 언급해 준다. 예를 들어 어릴 때 큰 사고를 당했던 경험이라든지, 배낭여행, 유학, 독서 경험, 취미 활동 등이 자신의 진로선택에 어떤 미쳤는지 등을 들 수 있다.

*결론: 가족, 학교, 사회, 개인적 경험이 자신에게 어떤 영향을 미쳤고 그래서 현재 자신이 어떤 사람인지를 말해 주어야 한다.

③ 깔때기처럼 모든 내용이 '자신'에게로 모여들게 하라

[성장과정 개념도]

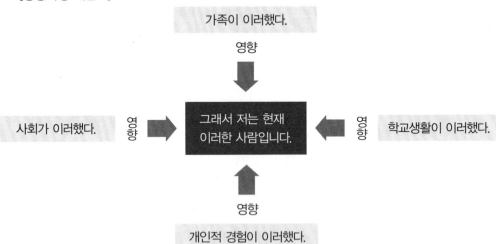

자소서는 위에서 언급한 모든 내용들이 깔때기처럼 '자신'에게 모여들어야 한다. 어느 한 항목에만 치우치지 말고 가족, 학교, 사회, 개인적 경험을 골고루 활용해야 균형 잡힌 자소서가 된다.

다음은 성장과정 예문이다. "몇 남 몇 녀의 몇 째로 태어나서~" 류의 흔한 자소서와 어떻게 다른지 살펴보자.

성장과정 예문

[컴퓨터 공학과/창의성]

아버지는 손재주가 많은 분이었습니다. 경기도에서 사과 과수원을 운영하시면서 필요한 도구를 직접 만드시거나 기존의 도구도 개량해서 사용하셨습니다. 예를 들어 높은 곳에 있는 사과를 편리하게 따기 위해 긴 장대 끝에 가위와 바구니를 달아 원격으로 사과를 딸 수 있는 장비를 발명하셔서 특허를 출원하시기도 했습니다. 비록 에디슨처럼 유명한 발명가는 아니셨지만 이런 아버지의 모습을 보면서 창의적인 생각이 생활을 편리하게 바꿀 수 있다는 점을 배울 수 있었습니다. 한편 어머니는 과학하고는 거리가 먼 전업주부이셨습니다. 한번은 어머니께서 바쁜 아침에 도시락용 소시지를 써시는 모습을 보고 '아예 처음부터 적당한 크기로 썰어진 채로 포장해서 판매하면 편리하지 않을까요?' 하고 제 생각을 말씀드린 적이 있습니다. 어머니께서는 참 기발한 생각이라고 회사측에 정식으로 건의해보지 않겠냐고 아낌없이 칭찬해 주셨습니다. 엉뚱한 생각을 '쓸데없는 생각 말고 공부나 해라'고 나무라지 않으시고 격려해 주시는 어머니 덕분에 저는 생각의 한계를 정하지 않고 마음껏 창조적인 아이디어를 생각해 낼 수 있게 되었습니다. 이런 저에게 초등학교 4학년 때 처음 접한 컴퓨터는 그야말로 꿈의 도구였습니다. 그동안 상상만 했던 것들을 컴퓨터는 현실로 옮길 수 있게 해 주었습니다. (하략)

단순히 아버지와 어머니의 소개에 그치지 않고 그것이 어떻게 자신의 장점(창의력)에 영향을 미쳤는지 말해주고 있다. 다음 예문은 내가 직접 수험생이라고 가정하고 쓴 성장과정이다.

[국어교육과/의지력]

혹시 분재를 좋아하십니까? 평범한 가정에서 1남 3녀 중 막내로 태어나 엄격하신 아버지와 자애로우신 어머니 밑에서 사랑을 받으며 성장했다면 얼마나 좋았겠습니까마는, 안타깝게도 저는 그렇지 못했습니다. 어릴 적 저희 집은 화초가게를 했습니다. 주로 난초와 분재를 키워서 판매했는데 나무들을 관찰하다 보니 한 가지 재미있는 사실을 발견했습니다. 태어날 때부터 곧게 뻗어나가는 나무가 있는 반면, 멀리서 보면 곧게 자란 것 같지만 가까이서 보면 원래 곧은 나무가 아닌데 지지대 덕택에 곧게 자란 나무도 있다는 점이었습니다. 저는 두 번째 나무에 가깝습니다.

중고오토바이 매매 사업에 실패하시고 호구지책으로 화초가게를 차리신 아버지는 일을 하시는 날보다 술을 드시는 날이 더 많았고 주사도 점점 심해지셨습니다. 집에 유리로 된 그릇은 모두 깨져서 남아나지 않았고 아버지가 늦게 오시는 날이면 행여 무서운 일이 벌어질까봐 칼이나 드라이버 등 뾰족한 물건들을 모두 장롱 속에 깊숙이 숨겨야 했습니다. 이런 환경에서 제가 비뚤어지지 않도록 붙잡아 준 지지대는 바로 저희 어머니셨습니다. 가출을 할까하는 생각도 수없이 해 보았지만 아버지를 대신하여 화초들을 돌보시느라 손이 나무뿌리처럼 되신 어머니를 보고 저는 차마 어긋날 수가 없었습니다.

'나를 죽이지 못하는 고통은 나를 강하게 할 뿐이다'라는 니체의 말이 있습니다. 비록 가정환경은 남들처럼 좋지 못했지만 오히려 그런 시련이 있었기 때문에 저는 강하고 바르게 성장할 수 있었습니다. 분재를 좋아하신다면 한번 상처와 옹이가 많은 나무를 쓰다듬어 보십시오. 더욱 강하고 단단하게 여물어 있음을 아실 수 있을 것입니다.

〈예문분석〉

○ 혹시 분재를 좋아하십니까?

→ 첫 문장을 의문문으로 시작해서 읽는 이의 호기심을 자극한다. 읽는 이로 하여금 '뜬금없이 웬 분재? 도대체 자신의 성장과정하고 분재가 무슨 상관이야?'라는 의문이 떠오르게 했다면 성공이다.

○ 평범한 가정에서 1남 3녀 중 막내로 태어나 엄격하신 아버지와 자애로우신 어머니 밑에서 사랑을 받으며 성장했다면 얼마나 좋았겠습니까마는 안타깝게도 저는 그렇지 못했습니다.

→ 대부분의 자소서는 '평범하고 화목한 가정에서 구김살 없이 성장했다'고 시작한다. 그러나 사실 나의 어린 시절은 그렇게 행복하지 않았다. 암울했던 어린 시절을 감추기보다는 진솔하게 드러냄으로써 상식을 뒤집는 반전을 주고자 했다.

○ 어릴 적 저희 집은 화초가게를 했습니다. 주로 난초와 분재를 키워서 판매했는데 나무들을 관찰하다 보니 한 가지 재미있는 사실을 발견했습니다. 태어날 때부터 곧게 뻗어나가는 나무가 있는 반면, 멀리서 보면 곧게 자란 것 같지만 가까이서 보면 원래 곧은 나무가 아닌데 지지대 덕택에 곧게 자란 나무도 있다는 점이었습니다. 저는 두 번째 나무에 가깝습니다.

→ 앞의 '분재'이야기와 자연스럽게 연결되면서 자신의 성장과정을 이야기하고 있다. 또한 자신을 분재에 비유하여 인상적으로 설명하고 있는 점도 눈여겨보자.

○ 중고오토바이 매매 사업에 실패하시고 호구지책으로 화초가게를 차리신 아버지는 일을 하시는 날보다 술을 드시는 날이 더 많았고 주사도 점점 심해지셨습니다.

집에 유리로 된 그릇은 모두 깨져서 남아나지 않았고 아버지가 늦게 오시는 날이면 행여 무서운 일이 벌어질까봐 칼이나 드라이버 등 뾰족한 물건들을 모두 장롱 속에 깊숙이 숨겨야 했습니다.

→ 실제 경험을 솔직하게 드러내었다. 맥락에 맞게 '호구지책' 등의 사자성어를 적절히 활용했다.

○ 이런 환경에서 제가 비뚤어지지 않도록 붙잡아 준 지지대는 바로 저희 어머니셨습니다. 가출을 할까하는 생각도 수없이 해 보았지만 아버지를 대신하여 화초들을 돌보시느라 손이 나무뿌리처럼 되신 어머니를 보고 저는 차마 어긋날 수가 없었습니다.

→ 분재의 이미지와 어머니의 손의 이미지가 자연스럽게 연결되고 있다.

○ '나를 죽이지 못하는 고통은 나를 강하게 할 뿐이다'라는 니체의 말이 있습니다. 비록 가정환경은 남들처럼 좋지 못했지만 오히려 그런 시련이 있었기 때문에 저는 강하고 바르게 성장할 수 있었습니다.

→ 해병대 관물대 등에 흔히 붙어있는 니체의 명언을 인용했다. 어려운 성장과정을 극복하고 그 덕분에 더욱 강인하게 성장했음을 어필하고자 했다.

○ 분재를 좋아하신다면 한번 상처와 옹이가 많은 나무를 쓰다듬어 보십시오. 더욱 강하고 단단하게 여물어 있음을 아실 수 있을 것입니다.

→ 글 전체를 관통하는 분재의 이미지로 자신의 강인한 의지력을 강조하며 글을 마무리 지었다. 첫 문장 '분재를 좋아하십니까?'에 호응하는 부분으로써 글 전체에 내용적, 형태적 안정감을 부여하고 있다. 물론 여기서 분재는 에피소드를 함축적으로 담고 있는 '상징물'에 해당한다.(상징물 활용하기)

지원동기 작성 팁

지원동기를 쓸 때 다음과 같은 패턴은 피해야 한다.

① 뉴스나 기사를 보고 지원했다는 패턴: 뉴스와 기사는 간접적인 매체이다. 직접적인 지원동기라고 보기 힘들다. 설령 뉴스와 기사를 보고 관심을 가졌다고 하더라도 그것을 바탕으로 실제 행동한 '경험'을 지원동기로 삼는 것이 좋다.

– 줄기세포에 관한 기사를 보고 생물학과에 진학하기로 결심했습니다. (X)

– 줄기세포에 관한 기사를 보고 생물에 관심을 가지게 되었습니다. 그 후 과학잡지 '뉴튼'을 탐독하고 심화과학반에서 쥐 해부 실험을 하며 생명현상에 대한 호기심이 점점 커졌습니다. 2학년 때 학술동아리에서 '우리 고장의 생물자원분포에 관한 연구' 보고서를 쓰면서 대학에서 생물학을 연구하기로 결심했습니다. (O)

② 가족의 병을 치료하기 위해 학과를 선택했다는 패턴: 정말로 그런 아픈 가족사가 있다면 모르겠지만 대부분은 감성팔이용이다. 대표적인 사례가 '할머니가 암에 걸리셨다. 할머니의 병을 치료하기 위해 의사가 되고 싶다'와 같은 것이다. 그 학생이 의대 졸업하고 레지던트 기간을 마칠 때쯤이면 할머니는 암이 아니라 노환으로 돌아가실 것이다.

③ 생계형 지원동기 패턴: 생계형 지원동기란 미래에 대한 원대한 포부가 드러나지 않고 단순히 '~을 공부하겠다', '~회사에 들어가겠다'로 끝나는 지원동기를 말한다. 지원동기를 말할 때는 자신의 꿈과 포부가 구체적으로 드러나야 한다.

지원동기를 쓸 때는 다음과 같은 점에 유의해야 한다.

① '목적'을 '계기'보다 먼저 서술하라

지원동기에는 크게 '계기'와 '목적'이 있다. '영화학과에 지원한 동기를 말하라'고 한다면 '어렸을 때 영화 ET를 보고 영화감독을 꿈꿨다(계기)'라고 대답할 수도 있고, '스티븐 스필버그 같은 감독이 되어 많은 사람들에게 재미와 감동을 주고 싶다(목적)'라고 대답할 수도 있다. 많은 학생들이 지원동기를 쓸 때 '계기'에 중점을 두고 '~을 경험한 것을 바탕으로 ~에 흥미를 가졌다'고 과거형 표현을 사용한다. 그러나 '계기'보다 '목적'이 한 차원 위다. '목적'에 중점을 두고 '~을 하려고 ~에 지원했다'는 미래형 표현으로 바꾸어주면 보다 적극적인 인상을 줄 수 있다.

– 경영 동아리에서 비즈니스 모델을 구상하며 경영학과에 관심을 가지게 되었습니다. 앞으로 한국을 대표하는 CEO가 되고 싶습니다. (X, '계기 → 목적' 구성으로 평범하고 흔한 지원동기라는 느낌을 준다)

– 한국을 대표하는 CEO가 되고 싶어서 경영학과에 지원하게 되었습니다. 경영 동아리 활동을 했을 때 비즈니스 모델을 구상한 적이 있습니다. (O, '목적 → 계기' 구성으로 포부가 좀 더 의지적으로 살아난다)

② 충분한 자료를 조사하고 써라

책상 앞에 앉아서 머리만 쥐어뜯어봤자 뾰족한 지원동기가 떠오르지 않는다. 이럴 때는 지원 학과에 대한 자료를 조사해야 한다. 지원 학과와 관련된 뉴스나 기사를 직접적인 지원동기로 삼기는 무리가 있지만 이야기를 풀어나가는 실마리로 삼을 수는 있다. 또 지원 학과와 관련된 책이나 논문도 조사할 수 있다. 책은 뉴스나 기사와 다르게 분량이 많고 깊이 생각을 하며 읽어야하기 때문에 보다 직접적인 지원동기가 될 수 있다. 자주 사용되는 지원동기는 다음과 같다.

- 특정 과목을 깊이 있게 공부한 경험

- 감명 깊게 읽은 책/영화

- 공연/전시회/시합 관람 경험(*예체능 학과일 때)

- 교내 활동(동아리, 봉사활동, 심화학습, 진로체험활동 등)

- 가정환경(부모님의 직업, 가치관, 문화 예술적 환경 등)

- 강의/강연에 참가한 경험(*아직 학생들이 잘 쓰지 않는 블루오션)

- 존경하는 인물(위인, 유명인, 멘토 등)

- 개인적인 체험(유학 경험, 가족사, 사고, 종교적 체험 등)

- 뉴스/기사(*구체적인 행동이 뒤따를 것)

- 주변 인물의 영향(부모님, 선생님, 형제자매, 친구, 선배 등)

- 우연한 사건(여행, 해당 분야에서 일하는 사람과의 만남 등)

③ 자기 자신과 진솔한 대화를 나누어라

지원동기는 진솔하게 써야 한다. 입학사정관에게 잘 보이기 위한 '답안'이 아니라 친구나 선생님에게 보내는 '편지'라고 생각하고 솔직하게 지원하려는 이유를 생각해 보자. '돈을 많이 벌기 위해서', '이성에게 인기를 얻으려고' 등의 속물적인 이유도 좋다. 일단 어떤 것도 편집하지 말고 다 쏟아내고 그 중에서 고르면 된다. 예를 들어 교대에 지원한다면 스스로 이렇게 묻고 답해야 한다.

내가 왜 교대에 가려고 하지? → 다들 안정적인 직장이라고들 하니까 → 또? → 방학도 있어서 편할 것 같아 → 그게 전부인가? → 사실 아이들을 가르치는 게 재미있을 것 같긴 해 → 나는 아이들에게 어떤 선생님이 되고 싶은 거지? → 음~ 잘 가르치면서도 따뜻한 선생님? → 어디서 그런 선생님을 본 적이 있나? → 아! 초등학교 5학년 때 선생님이 그런 분이셨어. 무섭기도 했지만 대체로 신경을 많이 써주셨지 → 그렇구나 생각해 보니 그걸 계기로 봐도 되겠네. 그 선생님과의 일화가 뭐가 있지? → 등등

'타소서'를 쓰지 마시고 '자소서'를 쓰자. 세상에서 단 하나뿐인 자신만의 스토리를 쓰는 것은 기술적인 차원을 넘어선 최선의 차별화 전략이다. 진솔한 자소서는 잘 쓴 자소서보다 힘이 세다. 항상.

지원동기 예문

[철학과/인간애]

철학을 통해 인간 본연의 가치를 탐구하고 공감과 연대에 기초한 공동체를 실현하고 싶습니다. 2학년 때 철학자 강신주 교수님의 '상처받지 않을 권리'라는 제목의 강연을 들은 적이 있습니다. 자본주의 사회에서 '돈이 아이보다 소중할 때 누구나 유괴범이 될 수 있다'는 교수님의 말씀은 저에게 충격으로 다가왔고 진정한 인간의 가치에 대해 다시 한 번 생각해 보는 계기가 되었습니다. 돈이 지배하는 자본주의 세상 속에서 과연 인간은 어떤 존재이고 어떻게 살아가야 하는가 하는 문제가 당시의 저에게는 수능점수보다도 중요하게 다가왔습니다. 물론 물질적 유혹을 뿌리치고 인간 본연의 사랑과 유대감을 회복하는 것이 쉽지는 않을 것입니다. 이성복 시인께서는 "사랑은 항문으로 먹고 입으로 배설하는 것"이라고 말씀하셨습니다. 남들이 잘 가지 않는 길을 선택했지만 철학을 통해 인간이 주인이 되는 따뜻한 세상을 실현하기 위해 노력하겠습니다.

강연에 참여한 경험을 통해 철학과 인간에 관심을 가졌음을 말해주고 있다. 다음 예문은 내가 직접 수험생이라고 가정하고 쓴 지원동기이다.

[국어교육과/배려심]

어려운 가정환경 속에서 저를 붙잡아 준 지지대가 어머니셨다면 제가 성장할 수 있도록 양분을 공급해 주신 분은 중학교 2학년 시절의 은사님이셨습니다. '죽도(竹道)'라는 별명의 국어선생님께서는 별명 그대로 대나무처럼 맑은 기운과 곧은 기상을 지니신 분이셨는데 머리가 살짝 벗겨지셔서 오히려 더 친근감이 있었습니다.

한번은 제가 장난삼아 선생님들을 주인공으로 쓴 소설을 수업시간에 친구들과 돌려 읽다가 죽도 선생님께 걸린 적이 있었습니다. 선생님들의 외모와 말투를 몹시 희화화하여 쓴 글이었고 특히 죽도선생님을 대머리독수리로 등장시켰기 때문에 저는 차마 고개를 들 수 없었습니다. 그런데 그 분께서는 저를 야단치시기는커녕 한번 너털웃음을 지으시더니 오히려 글재주가 있다고 칭찬해 주셨습니다. 그 분의 그 한마디가 저를 문학의 길로 이끌었습니다. 그 후로 글쓰기에 자신감이 붙은 저는 꾸준히 글을 써서 학교 선생님들과 친구들에게 보여주었고 문예잡지에 응모하기도 했습니다. 그 결과 '교내 학생 독후감 공모전 최우수상'등 각종 교내상을 수상했고, 학교 축제 시화전에 제가 쓴 시와 소설을 전시하기도 했습니다. 만약 그때 그 분께서 화를 내며 꾸짖으셨다면 저는 국어교사를 꿈꾸기는커녕 문학에 대한 흥미를 잃어버렸을 것입니다.

'내리사랑'이라는 말이 있습니다. 저의 철없는 잘못을 오히려 문학에 대한 흥미로 이끄신 죽도 선생님의 말 한마디가 저의 인생을 바꾸어 놓았듯이, 저도 학생들의 입장을 배려하고 더 나아가 인생을 변화시킬 수 있는 참된 국어 교사가 되고 싶습니다.

<예문분석>

○ 어려운 가정환경 속에서 저를 붙잡아 준 지지대가 어머니셨다면 제가 성장할

수 있도록 양분을 공급해 주신 분은 중학교 2학년 시절의 은사님이셨습니다.

→ 유기성은 문항 내에서 뿐만 아니라 문항과 문항 사이에도 존재할 수 있다. 공통문항 1번과의 연속선상에서 '지지대가 되어주신 어머니' 에피소드에서 '성장할 수 있도록 양분을 주신' 은사님 에피소드로 자연스럽게 연결되고 있다.

○ '죽도(竹道)'라는 별명의 국어선생님께서는 별명 그대로 대나무처럼 맑은 기운과 곧은 기상을 지니신 분이셨는데 머리가 살짝 벗겨지셔서 오히려 더 친근감이 있었습니다. 한번은 제가 장난삼아 선생님들을 주인공으로 쓴 소설을 수업시간에 친구들과 돌려 읽다가 죽도 선생님께 걸린 적이 있습니다. 선생님들의 외모와 말투를 몹시 희화화하여 쓴 글이었고 특히 죽도선생님은 대머리독수리로 등장시켰기 때문에 저는 차마 고개를 들 수 없었습니다. 그런데 그 분께서는 저를 야단치시기는커녕 한번 너털웃음을 지으시더니 오히려 글재주가 있다고 칭찬해 주셨습니다. 그 분의 그 한마디가 저를 문학의 길로 이끌었습니다.

→ 은사님과의 일화를 통해 국어교육과를 지원하게 된 동기를 밝히고 있다. 지원동기는 간접적인 동기보다 직접적인 동기가 훨씬 강렬하고 설득력이 있다.

○ 그 후로 글쓰기에 자신감이 붙은 저는 꾸준히 글을 써서 학교 선생님들과 친구들에게 보여주었고 문예잡지에 응모하기도 했습니다. 그 결과 '교내 학생 독후감 공모전 최우수상' 등 각종 교내상을 수상했고 학교 축제 시화전에 전시하기도 했습니다.

→ 막간을 활용하여 자신의 수상경력을 PR했다. 수상경력은 스펙나열로 도배하는 것보다는 이렇게 스토리텔링 사이에 삽입하는 것이 효과적이다. (*2015학년도부터는 자소서에 대외상을 언급하면 0점 처리되기 때문에 주의해야 한다.)

○ '내리사랑'이라는 말이 있습니다. 저의 철없는 잘못을 오히려 문학에 대한 흥미

로 이끄신 죽도 선생님의 말 한마디가 저의 인생을 바꾸어 놓았듯이 저도 학생들이 입장을 배려하고 더 나아가 인생을 변화시킬 수 있는 참된 교사가 되고 싶습니다.

→ 죽도 선생님의 일화와 국어교육과를 지원하게 된 동기가 밀접하게 연결된다.

학업계획 작성 팁

학업계획을 쓸 때는 두괄식 구조로 체계적인 항목에 따라 작성해야 한다. 또 내용적인 측면에서 지원 분야에 대한 사전 지식과 열정이 드러나 있어야 한다. 구체적인 작성 방법은 다음과 같다.

① 연대기 순으로 쓰지 말고 항목별로 써라

많은 학생들이 학업계획을 작성할 때 '1학년 때는 ~하고, 2학년 때는 ~하고, 3학년 때는 ~하고, 4학년 때는 ~하고, 졸업 후에는 ~하겠습니다'와 같이 연대기 순으로 쓴다. 예전에는 체계적인 내용 구성의 한 방법이었지만 이제는 너무 많이 써서 식상하다. 학업계획은 지나치게 세밀한 연대기 순으로 쓰지 말고 대략적인 시간적 순서(전반/후반/졸업 후)를 바탕으로 항목별로 쓰는 것이 좋다.

항목별 작성이란 예를 들어 정치외교학과를 지원한다면 기본교육과정, 외국어 공부, 인문고전 독서, 동아리 활동 등 카테고리별로 나누어서 작성하는 방법이다. 이러한 항목들을 그냥 나열하면 다소 난삽해 보이므로 '교내 계획/교외 계획', '내적 계획/외적 계획', '단기 계획/장기 계획' 식으로 대분류를 나누어 준 다음 소분류로 들어가면 체계적이고 깔끔한 인상을 줄 수 있다. 또한 두괄식으로 앞부분에 자신의 포부를 드러내고 시작하는 것도 좋은 방법이다.

[경희대/정치외교학과]

개인과 사회를 막론하고 갈등의 대부분의 원인은 의사소통의 문제라고 생각합니다. 저는 UN에서 국제회의 기획자가 되어 소통을 통해 국가 간의 갈등 해소에 이바지하고 싶습니다.

그러기 위해서는 먼저 내적인 측면에서 많은 교양과 지식을 쌓고 싶습니다. 제가 존경하는 외교관이자 저술가인 벤자민 프랭클린은 외교뿐만 아니라 경영학, 문학, 자연과학, 교육학 등 다방면에 조예가 깊었습니다. 저도 OO 독서토론 동아리에 가입하여 고전을 읽고 토론하여 다양한 생각을 가진 친구들과 교류하며 사고의 폭을 넓히고 싶습니다. 또한 '국제관계론', '외교정책론'과 같은 기본적인 학과과목은 물론 문학과 철학, 역사와 심리학 등의 교양강좌도 수강하여 인문학적 교양을 쌓고 싶습니다. 특히 인간의 심리에 대한 따뜻한 이해를 바탕으로 이스라엘과 팔레스타인과 같이 힘의 논리가 지배하는 냉혹한 국제무대에서 보편적인 인간애에 근거한 공감과 소통의 장을 열고 싶습니다.

한편 외적인 측면에서도 국제 사회가 요구하는 정치외교 전문가로서의 자격을 갖추겠습니다. 우선 국제 회의에서 필수적인 유창한 영어회화 실력을 키우기 위해 노력하겠습니다. 비싼 어학연수보다는 교내에 있는 외국인 친구들에게 적극적으로 다가가서 영어 회화 실력뿐만 아니라 세계를 바라보는 시야와 인간관계도 넓히고 싶습니다. 또한 UN 새천년개발목표(MDGs)에 인턴사원으로 지원하여 아프리카 지역의 빈곤퇴치 운동에 앞장서고 지속 가능한 경제 발전 모형을 제시하는데 도움을 주고 싶습니다.

젊음의 특권은 성취가 아닌 도전에 있다고 생각합니다. 아직 서투를지 모르지만 국제 회의 기획자로서 국가 간 갈등 해소라는 저의 꿈을 달성하기 위해 한 걸음씩 노력해 나가겠습니다.

② 세부적인 진로를 구체적으로 정하라

 학업계획을 작성할 때는 대학원 수준으로 진로를 세분화해야 한다. 예를 들어 교육학과를 지원한다고 하면 막연하게 '교육을 통해서 학생들의 자아실현을 위해 노력하고 싶습니다'와 같이 뜬구름 잡는 소리만 하지 말고, 앞으로 '교육공학'을 연구하고 싶다면 어떠한 교육프로그램을 개발해서 어떠한 성과를 내고 싶은지, '교육심리학'을 연구하고 싶다면 어떤 심리학적인 방법으로 학습효과를 높이고 싶은지, '교육행정학'을 연구하고 싶다면 현재 교육행정제도의 문제점이 무엇이며 그것을 어떻게 바꾸고 싶은지 구체적으로 제시해야 한다.

[경희대/디스플레이학과]

"몸이 천냥이면 눈이 구백냥"이라는 속담이 있습니다. 컴퓨터의 처리 결과를 확인하기 위해서는 스피커, 프린터 등의 출력장치가 필요하지만 그 중에서도 가장 중요한 것은 역시 모니터 디스플레이라고 생각합니다. 저는 특히 flexible, rollable, 투명디스플레이 등 차세대 디스플레이를 통해 현대인의 정보 문화 생활에 기여하고 싶습니다.

이러한 인재가 되기 위해서 우선 1~2학년 때는 물리, 화학, 전기회로, 반도체에 대한 기초적인 지식을 쌓고 싶습니다. '디스플레이는 현대 과학 기술의 종합체'라는 김정호 교수님의 말씀처럼 디스플레이는 이러한 기초를 바탕으로 더해지는 것이기 때문입니다. 또한 디스플레이광학, LCD광학, 시스템 시뮬레이션, 정보디스플레이 개론 등 기본적인 학과수업에 충실한 한편 기본적인 수업이 영어로 진행되기 때문에 회화 강의 수강이나 외국인 친구와의 교제를 통해 영어회화를 정복하겠습니다.

이러한 기초를 바탕으로 3~4학년 때는 대만 Kunshan University 인턴쉽에 지원하여 영어와 전자공학을 배우겠습니다. 또한 현지 기업체의 산업현장 방문하여 현장지식을 익히고 대만의 문화와 생활을 체험하고 싶습니다. 그 후 LG genius 강의를 통해 실무를 익히고 졸업 후 국내 최고의 디스플레이 기업인 LG 디스플레이에 취업하고 싶습니다.

요즘 유행하고 있는 ULTRA HD는 더 나은 디스플레이로 가기 위한 과도기적 단계라고 생각합니다. 미래의 디스플레이는 인간의 감성에 기초하여 사용자의 need에 충실한 디스플레이일 것입니다. 높은 건물을 올리고 싶으면 먼저 땅을 깊게 파라는 말을 가슴에 새기고 당장 hot한 분야를 쫓아다니기보다는 기초를 깊게 파서 인간과 기계뿐만 아니라 인간과 인간을 이어주는 미래형 감성 디스플레이를 개발하고 싶습니다.

시간적 순서를 크게 전반부/후반부/졸업 후로 나누었으며 철저한 자료조사(지원학교 교수님 인터뷰, 인턴쉽 제도 등)를 바탕으로 진로에 대한 계획이 구체적으로 드러나 있다. 다음 예문은 내가 직접 수험생이라고 가정하고 쓴 지원동기이다.

학업계획 예문

[고려대학교/국어교육과]

고려대학교 국어교육과에 입학 한 후 첫 학기는 공부를 하고 싶지 않습니다. 대신 평소에 꿈꿔왔던 대로 자전거 한 대를 타고 우리나라 국토를 구석구석 여행하면서 제가 살고 있는 이 땅에 대한 사랑과 문학적 감수성을 키우고 싶습니다. 나중에 학교에서 아이들에게 문학과 인생을 가르치기 위해서는 이것도 중요한 '공부'라고 생각합니다. 하지만 두 번째 학기부터는 학과 수업에 충실하게 참여함은 물론 맹렬하게 임용고시 준비를 시작하겠습니다. 아무리 운전을 잘해도 운전면허가 있어야 도로에 나갈 수 있듯이 제가 아무리 실력이 있어도 '임용고시'라는 어려운 시험을 통과해야 교단에 설 수 있기 때문입니다.

하지만 시험을 핑계로 학생들에 대한 사랑과 가르침의 열정은 미루고 싶지 않습니다. 고려대학교 야학회인 '운화회'에 가입하여 열악한 환경 속에서도 공부를 하고 싫어 하는 아이들에게 국어를 가르치고 싶습니다. 제가 어려운 환경 속에서도 여러 선생님들 덕분에 바른 길을 걸어갈 수 있었듯이 저도 누군가에게 삶의 이정표가 되고 싶습니다.

특히 서울 강북구에 있는 '반디공부방'은 고2때 1년 동안 국어 멘토링 봉사활동을 나간 적이 있기 때문에 잊을 수가 없습니다. 당시 제가 국어를 멘토링했던 중학생 희준이와 미영이에게 농담 삼아 나중에 선생님이 되면 다시 찾아오겠다고 약속을 한 적이 있습니다. 정식 교사는 아니지만 예비 교사로서 꼭 그 약속을 지키고 싶습니다. 졸업 후에는 당당히 임용고시에 합격하여 정식으로 교단에 서서 예전의 저처럼 어려운 환경 속에서 방황하는 학생들을 가르치며 사랑하고 안아주고 싶습니다.

〈예문분석〉

○ 고려대학교 국어교육과에 입학 한 후 첫 학기는 공부를 하고 싶지 않습니다.

→ '공부를 하고 싶지 않다'는 당돌한 말이 호기심을 자극한다.

○ 대신 평소에 꿈꿔왔던 대로 자전거 한 대를 타고 우리나라 국토를 구석구석 여행하면서 제가 살고 있는 이 땅에 대한 사랑과 문학적 감수성을 키우고 싶습니다. 나중에 학교에서 아이들에게 문학과 인생을 가르치기 위해서는 이것도 중요한 '공부'라고 생각합니다.

→ 앞의 내용과 반전되는 내용을 제시해서 '진정한 공부'를 하고 싶다는 의지를 표현했다.

○ 하지만 두 번째 학기부터는 맹렬하게 임용고시 준비를 시작하겠습니다. 아무리

운전을 잘해도 운전면허가 있어야 도로에 나갈 수 있듯이 제가 실력이 있어도 '임용고시'라는 어려운 시험을 통과해야 교단에 설 수 있기 때문입니다.

→ 임용고시를 운전면허에 비유해서 교직에 대한 열정을 드러내고 있다.

○ 또 고려대학교 야학회인 '운화회'에 가입하여 열악한 환경 속에서도 공부를 하고 싶어 하는 아이들에게 국어를 가르치고 싶습니다. (중략) 특히 서울 강북구에 있는 '반디공부방'은 고2때 1년 동안 국어 멘토링 봉사활동을 나간 적이 있기 때문에 잊을 수가 없습니다.

→ 고려대학교에 어떤 동아리가 있는지, 주위에 어떤 복지시설이 있는지 자료조사를 하고 썼다.

○ 그리고 졸업 후에는 당당히 임용고시에 합격하여 예전의 저처럼 어려운 환경 속에서 방황하는 학생들을 가르치며 사랑하고 안아주고 싶습니다.

→ 학업계획이 마구잡이로 제시되는 것이 아니라 '입학 첫 학기 → 두 번째 학기 이후 → 졸업 후'로 시간적 순서에 따라 제시되고 있다. 이처럼 학업계획을 쓸 때는 대략적으로 시간적 순서에 따라 쓰되 항목별로 다양한 활동을 묶어서 쓰는 것이 좋다.

독서활동 작성 팁

자율항목에서 독서 경험을 묻는 대표적인 대학으로 서울대를 들 수 있다(서울대 외에 진주교대, 한남대, 강원대도 독서 경험을 묻는다). 지원자는 독서 경험을 통해 자신이 공부하고 싶은 분야(관심분야)를 분명히 언급하고 그에 대한 지적 호기심과 열정을 드러내야 한다. 독서 경험은 학업역량을 뒷받침하기 때문에 서울대가 입학설명회에서 특히 강조한 항목이기도 하다.

대외적으로는 책의 종류를 가리지 않는다고 하지만 기왕이면 지원 학과와 관련되는 책이나 인문고전을 선정하는 것이 좋다. 일반적으로 '지원 학과와 직접적으로 관련되는 책 1권 + 지원 학과와 간접적으로 관련되는 책 1권 + 인문고전 1권'으로 구성하지만 정해진 것은 아니다. 책 선정이 어렵다면 '서울대 선정 필독도서 100선' 등을 참고해 보자. 인문계열이라면 베스트셀러만 언급하는 것보다는 사고의 깊이를 보여줄 수 있는 논어, 맹자 등의 동양 고전이나 일리아스, 오딧세이, 플라톤, 아리스토텔레스 등의 서양 고전을 섞어주는 것이 좋다.

독서 경험을 쓰기 힘들 때는 아래 양식에 따라 쓰면 도움이 된다. 이 양식에 따라 쓰는 것만으로도 줄거리 80%, 느낀 점 20%의 초등학교 독후감 같은 꼴은 일단 면할 수 있다. 각 항목 당 1~2문장씩만 써도 순식간에 500자짜리 독서 경험이 완성된다. 물론 실제로 쓸 때는 자연스럽게 한 두 항목이 빠지거나, 순서가 바뀌거나, 두 항목이 서로 합쳐질 수 있다.

[독서 경험 작성 양식]

① 책이 나에게 준 영향 / 의의 / 책을 읽게 된 이유(목적, 계기) / 진로와의 관련성

② 책을 읽게 된 당시 상황

③ 책의 내용(중요한 장면이나 구절 중심으로)

④ 책에서 깨달은 점(새롭게 알게 된 점, 느낀 점)

⑤ 명언(인상 깊은 구절) / 학업계획 / 앞으로의 포부

[역사학과]

[펠로폰네소스 전쟁사] – 투퀴디데스

경영학과와 역사학과 사이에서 갈등하다가 이 책을 읽고 역사학과로 마음을 정할 수 있었습니다. (책이 나에게 준 영향, 진로와의 관련성)

이 책을 읽을 당시 저는 경영학과에 가서 대기업에 취업하라는 부모님의 기대와 역사학과에 가서 한국사를 공부하고 싶다는 저의 바람 사이에서 심각한 고민을 하고 있었습니다. 하지만 펠로폰네소스 전쟁사를 읽으면서 역사를 공부하고 싶다는 열정에 가슴이 뛰기 시작했습니다. (당시 상황)

페르시아 전쟁 이후 아테네가 중심이 된 델로스 동맹과 스파르타가 중심이 된 펠로폰네소스 동맹 사이의 전쟁은 찬란했던 그리스 문명의 힘을 소모시켰습니다. 결국 쇠약해진 그리스는 지중해의 패권을 마케도니아에게 넘겨주고 로마 앞에 무릎을 꿇게 됩니다. (내용)

도시 국가들 간의 처참한 소모전이 가져온 공멸의 비극을 보면서 저는 남북(南北)으로 갈라져서 싸우는 우리나라의 현실이 떠올랐습니다. (깨달은 점)

'역사는 반복된다. 한번은 비극으로, 한번은 희극으로'라는 칼 마르크스의 말이 있습니다. (명언)

앞으로 대학에서 한국 근현대사를 공부하여 다시는 민족상잔의 비극이 되풀이되지 않도록 올바른 민족관과 역사관을 바로 세우는데 도움이 되고 싶습니다. 그래서 과거의 6.25라는 비극을 미래의 민족통일이라는 희극으로 바꾸고 싶습니다. (학업계획, 앞으로의 포부)

[교육학과]

[에밀] - 장 자크 루소

교육학을 공부하고자 하는 사람들의 필독서라고 해서 읽게 된 책입니다. (책을 읽게 된 계기, 진로와의 관련성)

저는 사람의 미래는 유전적으로 미리 결정되는 것인가 아니면 환경적으로 교육에 의해서 형성되는 것인가 항상 궁금했습니다. 그리고 그에 대한 해답을 '에밀'을 읽으면서 어느 정도 찾을 수 있었습니다. (당시 상황, 책이 나에게 준 영향)

에밀이라는 가상의 어린이가 출생에서부터 25년간 받는 교육을 보면서 아동본위의 교육, 자연주의 교육, 체육의 중요성, 감각훈련의 중요성 등 근대 교육의 전반적인 방법과 원리를 알게 되었습니다. (책의 내용, 새롭게 알게 된 점)

또 에밀을 통해 본성과 교육은 따로 분리되어 있는 것이 아니라, 오히려 타고난

본성을 자연스럽게 키워주는 것이 진정한 교육이라는 점을 깨달았습니다. (깨달은 점)

에밀의 작가 장 자크 루소는 '우리의 내부에는 늘 두 가지의 소리가 있다. 하나는 마음으로부터 오는 소리고 하나는 육체로부터 오는 소리다'라고 말했습니다. (명언, 인상 깊은 구절)

대학에서 본격적으로 교육학을 공부하면서 지나치게 지적인 면에 치우친 우리나라 교육의 문제점을 바로잡고 마음과 육체가 건강하게 조화를 이루는 전인(全人)적 교육과정을 개발하고 싶습니다. (학업계획, 앞으로의 포부)

[서울대/교육학과]

4. 고등학교 재학 기간 또는 최근 3년간 읽었던 책을 3권 이내로 선정하고 그 이유를 기술하여 주십시오.

〈나는 한국경제보다 교육이 더 불안하다〉

경제학과 교육학 사이에서 진로를 정하지 못하고 갈등하다가 이 책을 읽고 교육학에 확신을 가질 수 있었습니다. 저자는 청소년 국제수학올림피아드에서 매번 최우수의 성적을 거두는 한국이 유독 필즈상이나 노벨상 수상자를 배출하지 못하는 이유가 지나치게 경쟁을 강조하는 우리나라의 교육제도 때문이라고 말합니다. 본인의 만족이 아니라, 남들과의 경쟁에서 승리하기 위해 공부를 하다가, 학업 경쟁이 끝나고 취업 경쟁이 시작되는 대학 졸업부터는 순수학문에 대한 학습량이 급격히 줄어들기 때문입니다. 이에 한국 인적자원 연구센터 홈페이지에서 교육학 관련 논문을 살펴보았고, 현재 우리사회에는 성인 교육시스템과 국가 차원의 평생교육 HRD 정책이 절실히 필요함을 깨달았습니다. 교육학을 바탕으로 이전부터 관심을 가져왔던 국가정책과 사회과학을 하나로 융합할 수 있겠다는 호기심이 생겼고 이는 교육학과로 진로를 굳히는 결정적인 계기가 되었습니다. 아울러 평생교육과 인적자원개발 연구라는 학문적 목표를 세울 수 있었습니다.

〈맛있는 생명과학〉

공부머리는 유전이라는 인터넷 기사를 읽고 교육과 생명과학의 관계를 알고 싶어서 이 책을 집었습니다. 이 책은 생명과학의 발전에 기여를 했던 과학자들의 사상과 발견을 다루고 있는데, 특히 인간의 미래가 유전자에 의해 태어날 때부터 결정된다는 멘델의 사상이 흥미로웠습니다. 2학년 때 최재천 교수님의 강연을 듣고 그동안 인간의 삶은 선천적인 유전자와 후천적인 환경의 상호작용에 의해 결정된다고 생각해왔습니다. 또 동아리 교육활동을 통해 많은 친구들이 변화하는 모습을 보면서 교육이 유전자보다 힘이 세다고 확신해왔습니다. 하지만 멘델의 유전자설에 의하면 후천적인 교육 자체가 무의미해지기 때문에 이러한 교육관이 크게 흔들렸습니다. 한편으로는 교육을 바라보는 관점의 다양성을 깨닫고 오히려 교육학을 연구해서 그 해답을 찾고 싶다는 열망이 생겼습니다. 대학 진학 후에는 교육과 생명과학의 관계를 철학, 심리학, 유전공학, 뇌 과학 등을 두루 공부하면서 더욱 깊이 있게 연구해보고 싶습니다. 또한 이를 토대로 인재개발 교육모델을 개발하여 자연과학과 사회과학의 경계를 허물고 싶습니다.

〈임제록〉

힘든 재수생활을 고난의 시간이 아닌 성찰의 시간으로 바꾸어준 책입니다. 인문계열을 수석으로 졸업했지만 대입에 실패한 후 한동안 깊은 열등감에 시달렸습니다. 이런 제 모습을 보시고 불교신자이셨던 어머니께서는 임제록을 권해주셨습니다. 고3때도 임제록을 읽어본 적이 있지만 그때는 내용이 추상적이어서 뜬구름 잡는 소리라고 생각했습니다. 하지만 큰 실패를 겪고 나서 다시 읽어보니 구절마다 새롭게 느껴졌습니다. 그 중에서도 특히 서는 자리마다 주인공이 되라는 '수처작주 입처개진(隨處作主 立處皆眞)'이라는 구절이 가슴에 와 닿았습니다. 비록 친구들보다 대학 진학은 늦어졌지만 남들과 비교하지 않고 제가 서 있는 자리에서 최선을 다해야겠다고 생각했습니다. 재수생활 동안 수능 공부 이외에도 그동안 입시를 핑계로 멀리 했던 교육학 서적, 월간 HRD, 과학 서적, 문화재 서적을 마음껏 읽었습니다. 올해 8월에는 고등학교 시절 작성했던 논문 '학생 갈등에 관한 현장 연구'를 보완하여 한국사회과교육연구학회 연차 학술대회에서 발표했습니다. 대학 진학 후에도 수처작주를 좌우명으로 삼고 제 자신의 목표를 향해 정진하는 주체적인 삶을 살겠습니다.

합격 수기

안녕하세요 선생님!

수○○ 자소서 코너에서 선생님의 강의를 듣고 이번 여름에 정말 열심히 자소서에 매달렸던 학생입니다.

한 강의씩 체득해 나가면서 저만의 자소서를 만들 수 있었고 수시 발표를 보고 이루 말할 수 없는 행복을 느낄 수 있었습니다.

학교장추천전형으로 고려대학교 정치외교학과에, 학생부 교과전형으로 연세대학교 불어불문과에, 그리고 학생부 교과전형으로 한국외대 아랍어과에 당당히 합격했습니다.

자소서를 제출한 전형은 고려대뿐이었지만, 선생님의 강의를 보면서 제 자소서를 다듬어 나갈 수 있었고, 합격의 원동력이 되어주었습니다.

정말 감사드립니다.

나눔도 받아 본 사람이 더 잘할 수 있다고, 저 또한 선생님처럼 베푸는 삶을 실천하는 사람이 되고자 항상 노력하겠습니다.

다시 한 번 감사드립니다. 항상 건강하십시오.

_고려대, 연세대, 한국외대 합격 한○○

02 자소서 합격예문

2015학년도 실제 합격 예문을 통해 자소서의 감을 잡자!

1 서울대 컴퓨터공학부

1. 고등학교 재학기간 중 학업에 기울인 노력과 학습 경험에 대해, 배우고 느낀 점을 중심으로 기술해 주시기 바랍니다. (1,000자 이내)

제 3년간의 학습을 꿰뚫은 것은 두 개의 물음이었습니다. 하나는 '왜?'였습니다. 직관적으로 이해하는 데 만족하지 않고, 논리적 흐름에 관심을 가졌습니다. 수학을 공부할 땐, 공식이나 개념의 증명을 일일이 '왜' 그런지 이해했고, 친구들의 질문에 단계적으로 풀이를 설명하며 인과적 사고를 습관화했습니다. 국어는 감이라는 말도 저와는 거리가 멀었습니다. 시의 정서를 빠르게 파악하는 데 어려움을 느끼고, 시어들의 관계와 표현된 정서를 흐름도처럼 나타내 보았습니다. 그러자 글쓴이의 의도를 한눈에 알 수 있었고, 문제 해결을 위한 분석력도 기를 수 있었습니다.

다른 하나는 '그리고?'였습니다. 배워야 하는 것만 배우는 데 만족하지 않고, 한 발 더 나아가려 했습니다. 'The World of Mathematics' 수업에서 복소수에 기하학적 의미를 부여할 수 있다는 것을 배웠습니다. 복소수의 곱을 복소평면에서 닮음의 형태로 나타내는 것을 보고, 영재학급에서 알게 된 극좌표를 떠올렸습니다. x축과의 각과 원점에 이르는 거리를 이용한다는 둘 사이의 공통점은 우연치고는 너무 비슷했습니다. 복소평면의 점을 극좌표로 나타내자, 곱을 훨씬 쉽게 나타낼 수 있음을 발견했습니다. 그뿐만 아니라, 회전하는 형태가 일차변환과 유사했습니다. 절댓값이 1인 복소수를 곱하는 것이 회전변환과 동치라는 추측이 생겨났습니다.

일련의 생각이 연결되었고, 머리에 전류가 스치는 것 같았습니다. 대학 교재를 찾아보고 제가 생각한 것이 '극형식'임을 확인했고, 이 추론은 잊을 수 없는 지적 쾌감과 열정의 원천이 되었습니다. 공교롭게도 3학년 때 고급수학의 학습 내용은 복소평면과 극좌표였고, 고급수학에서 받은 1등급은 호기심의 결과였다고 생각합니다.

비록 시간이 지나 암기한 내용은 잊더라도, '왜?'라는 질문으로 다진 논리적 사고와 '그리고?'라는 질문으로 기른 지적 열정은 저의 큰 자산이 될 것입니다. 이를 통해 컴퓨터도 머리는 차갑게, 가슴은 뜨겁게 공부하고 싶고, 지금까지의 학습은 그 밑바탕이었습니다.

POINT ▶ 서울대 인재상의 요건인 '지적호기심'을 '왜'와 '그리고'라는 두 개의 물음을 통해 효과적으로 드러내고 있다. '왜'는 '논리적 사고'라는 키워드와 연결되고 '그리고'는 '지적열정'이라는 키워드와 연결된다. 마지막 문장의 학과연관성에도 주목하자.

* 위 예문에서는 가독성을 높이기 위해 단락을 한 줄 띄어쓰기로 구분했다. 실제로 자소서를 쓸 때는 당연히 붙여 써야 한다.

2. 고등학교 재학기간 중 본인이 의미를 두고 노력했던 교내 활동을 배우고 느낀 점을 중심으로 3개 이내로 기술해 주시기 바랍니다. 단, 교외 활동 중 학교장의 허락을 받고 참여한 활동은 포함됩니다. (1,500자 이내)

〈R&E 활동〉

러시아의 교수님께 들은 수업을 통해 맛본 '진짜 수학'은 나름대로 수학에 자신 있던 제게 각성이자 충격으로 다가왔습니다. 엡실론−델타 논법을 보며 느낀 엄밀성, 공간에 대한 수준 높은 이해를 요구하는 문제들은 제 능력의 한계를 절감하게 했습니다. 하지만 그럴수록 알고 싶다는 열망은 커졌습니다. 교수님을 따라다니며 끊임없이 질문했고, 영어로만 의사소통할 수 있다는 사실도 문제가 되지 않았습니다. 이해한 내용을 발표하고, 피드백을 받으며 점차 자신감이 생겨났습니다. 높은 성취를 보인 학생들에게 제안하신 R&E에 망설임 없이 참여했고, 'The Properties of Connected Sets and Related Theorems'라는 주제로 탐구했습니다. 이해를 돕기 위해 관련 논문을 찾아보던 중, 어려움을 느끼며 논문을 작성한 이 주제가 위상수학의 초반부에 불과하다는 사실을 알게 되었습니다. 실망보다는 더 큰 배움이 기다리고 있다는 사실이 기뻤고, 대학에서도 이러한 열정을 원동력으로 배울 수 있겠다는 자신감을 얻었습니다.

〈창의재단 융합인재 프로젝트 수업〉

국어와 과학을 접목한 교육이라는 주제에 흥미를 느끼고 '창의재단 융합인재 프로젝트 수업'에 참가했습니다. 저는 공상 과학이 기술이 발전하면서 생겨난, 일종의 부산물 같은 장르라고 생각했습니다. 메타물질, 증강현실 등의 기술에 대해 탐구하는 것은 그 자체로도 흥미로웠습니다. 하지만 고전 문학에 등장하는 상상이 실현된 사례에 대해 공부하면서, 인간이 현재는 할 수 없는 것들을 꿈꾸는 과정에서 과학과 공학을 통해 발전할 가능성이 발생하는 것임을 깨달았습니다. 공학이 발전했기 때문에 미래의 뛰어난 기술을 상상할 수 있다는 것도 맞는 말이지만, 상상을 통해 더 발전할 수 있다는 사실이 중요한 것이라고 느꼈습니다. 공학이라는 하드웨어를 작동시키는, 상상력이라는 소프트웨어를 갖춰야 할 필요성을 느낄 수 있었습니다.

〈인간과 문화〉

어느 날 문제를 풀던 중, 문득 시험이 낯설게 보였습니다. 시험에서 평가하는 대상이 단편적인 문제에 대한 이해일 뿐인지 의문이 들었습니다. 문제를 통해 진짜 묻고 싶은 것이 무엇인지 고민하다가, 교과서를 읽고 그 답을 찾을 수 있었습니다. 수학이나 과학의 개념은 각각 개별적인 것 같았지만, 저마다 다음 내용의 실마리를 지니면서 하나의 연결고리를 형성하고 있었습니다. 국어나 영어 교과서에서 묻는 것은 오직 지문의 주제였습니다. '연결고리'와 '주제'에 집중하자, 시험이 출제자의 질문으로 느껴졌고, 문제에 별 생각 없이 답하던 때와는 달리 정확도도 높아지고 속도도 빨라졌습니다. 과제 연구로 보통 자연계는 '인간과 환경'을 수강했지만, '인간과 문화'의 '낯설게 보기'라는 주제는 제가 시험을 낯설게 본 경험을 떠오르게 했습니다. 자세히 알아보고 싶다는 생각에 인간과 문화를 신청했고, 익숙한 것을 낯설게 봄으로써 대상을 더 잘 이해할 수 있다는 것을 배웠습니다. 세상을 보는 새로운 시각이자, 문제 해결의 도구로서 낯설게 보는 관점은 저의 큰 무기가 되었습니다.

POINT 소제목 달기, 주근깨 구조, 인상적인 첫 문장 등 전형적인 자소서 제작 공식에 따르고 있지만 도식적이지 않고 자연스럽다. 특히 인상적인 첫 문장이 호기심을 유발한다. 또한 다양한 서술어를 통해 배우고 느낀 점을 풍부하게 드러내고 있다.

3. 학교 생활 중 배려, 나눔, 협력, 갈등 관리 등을 실천한 사례를 들고, 그 과정을 통해 배우고 느낀 점을 기술해 주시기 바랍니다. (1,000자 이내)

평소 사이버 범죄 전반에 관심이 있던 저는, 저작권 침해나 개인정보 도용 등이 범죄임을 잘 몰랐던 사람들의 처벌에 대한 기사를 읽었습니다. 몰랐다는 것이 변명이 될 순 없지만, 이에 관해 생각해볼 만한 일이 있었습니다.
1학년 때 전학 온 친구가 있었습니다. 그런데 그 친구에 관해 이상한 소문을 들었습니다. 그 친구가 힘든 환경에서 자랐고, 이전 학교에서 남의 물건에 손을 댔다가 전학 왔다는 것이었습니다. 소문으로 친구를 판단하고 싶진 않았지만, 곧이어 더 나쁜 말을 들었습니다. 그 친구가 제 주민등록번호를 훔쳐보고, 메일에 저장하는 걸 직접 봤다는 것이었습니다. 개인정보의 중요성을 알고 있던 저로서는 어떻게 악용될지 모르는 상황에서 그냥 넘어갈 수는 없었고, 선생님께 말씀드릴까 생각했습니다. 그런데 그 친구를 전부터 알던 아이로부터 뜻밖의 말을 들었습니다. 그 친구는 전에도 다른 사람의 아이디를 쓰기도 했고, 물건을 훔치는 것에 비하면 이 정도는 잘못도 아니라고 생각한다는 것이었습니다. 저는 그 태도에 화가 났지만, 문득 모두들 그 친구를 피하기만 했음을 떠올렸습니다. 그 친구에게 올바른 방향을 알려줄 친구가 있었을지 의문이 들었고, 어떻게 해야 할지 고민했습니다. 그날 밤, 저는 그 친구의 방에 직접 찾아갔습니다. 남의 개인정보를 훔치는 것은 도둑질과 같다고 직접 말했습니다. 오히려 화낼지도 모른다는 제 생각이 쑥스러울 정도로 그 친구는 바로 사과했고, 저도 모르게 남에게 들은 말로만 사람을 판단하지 않았는지 반성했습니다. 또한, 시도만 한다면 잘못된 생각을 바로 고칠 수 있음에 놀랐습니다.

본보기로서 처벌은 필요하고, 제 판단은 상황을 고려한 배려였습니다. 그와 별개로 결국은 인식의 문제가 아닐까 생각했습니다. 불행한 환경으로 인한 잘못된 인식이 잘못된 결과로 표출된 것처럼, 온라인상에서의 잘못된 인식이 잘못된 결과를 만드는 것이라고 생각했습니다. 중요한 것은 상대방의 잘못된 인식을 바꿀 기회를 주고, 나아가 미래를 바꾸는 것임을 깨달았습니다.

POINT 친구의 사이버 범죄와 관련해서 갈등관리를 실천한 사례를 보여준다. 에피소드가 매우 구체적이고 지원 학과(컴퓨터공학과)와도 밀접하게 연관된다.

4. 고등학교 재학 기간 또는 최근 3년간 읽었던 책 중 자신에게 가장 큰 영향을 준 책을 3권 이내로 선정하고 그 이유를 기술하여 주십시오.

〈네트워크 속의 유령〉

사이버 보안을 단지 기술적으로 접근하는 것이 아닌, 심리적으로 접근할 필요성에 대해 고민하는 계기가 된 책입니다. '세계 최고라 불리던 해커의 자서전'이라는 말에 호기심이 들어 읽은 책의 내용은 예상과는 전혀 달랐습니다. 복잡한 프로그래밍을 통해 보안을 뚫는 것보다도, 인간의 심리를 이용해 정보를 빼내는 '사회공학'이라는 방법을 더 많이 이용한 것이었습니다. 처음에는 사회공학이 별것 아닌 것처럼 보였지만, 생각해 보니 보이스피싱에 많은 사람이 피해를 보았음을 깨달았습니다. 어떤 프로그램을 사용해도 막을 수 없는 만큼, 이런 해킹은 개인이 조심할 수밖에 없다고 생각했습니다. 하지만, 만약 정부나 기업 등의 핵심 정보를 보호하고 있는 전문가가 경계하지 않는다면, 당사자의 피해로 끝나는 개인과는 달리, 대규모 정보 유출의 원인이 될 것이라고도 생각했습니다. 프로그램뿐만 아니라 범죄와 심리에 대해서도 공부하여, 허점을 노리는 공격에 대비해야겠다고 다짐하는 계기가 되었습니다.

〈과학기술로 세상 바로 읽기〉

공학도로서 인문학적 자질의 필요성을 일깨워준 책입니다. 문, 이과 통합에 관한 글을 처음 읽었을 때 저는 회의적이었습니다. 고도로 전문화된 현대 사회에서는 한 가지 분야에 깊게 파고들어야만 의미 있는 발전이 가능할 것이라고 생각했습니다. 하지만 이 책을 읽고, 과학기술과 사회를 은연중에 분리시킨 제 생각은 위험한 결과를 초래할 수 있음을 느꼈습니다. 윤리적, 법적 소양이 부족한 공학자가 과학기술을 악용할 수도 있고, 과학기술에 무지한 정치가가 왜곡된 자료를 바탕으로 잘못된 정책을 입안할 수도 있는 만큼, 오히려 전문화된 사회에서 융합적 인재가 필요하다는 것을 깨달았습니다. 특히, 사이버 보안 분야에서 악의적 크래킹과 화이트 해킹은 기술적으로 거의 같다는 점에서, 전적으로 해커 본인의 도덕적 책임의식에 따라 숙련된 전문가가 사회 전체를 위험에 빠트릴 수도 있다고 생각했습니다. 인문사회분야 전반에 걸친 독서와 학습을 바탕으로 지식에 따르는 책임감과 통섭적 사고를 기르겠다고 다짐했습니다.

〈지상 최대의 쇼〉

생명과학이 놀랍도록 논리적인 학문임을 깨닫게 해 주고, 그 가치를 일깨워준 책입니다. 고등학교 2학년 때 처음 공부하면서, 생명과학이라는 과목은 단순한 사실의 나열과 암기에 지나지 않는다고 생각했고, 과학으로서 큰 의의를 느끼지 못했습니다. 그러나 친구의 소개로 이 책을 읽은 뒤, 제 생각은 바뀌었습니다. 책의 주제인 진화론은 예전부터 학교에서 배웠지만, 수업에서는 약간의 근거를 설명하고 암기하는 것이 전부였습니다. 그러나 이 책에서 보여준, 다양하고 철저한 증거와 추론을 통해 생명의 근원을 파헤치는 과정은 저를 매료시켰고, 생명과학이 실증적 실험으로 사실을 '증명'하는 과목임을 알게 해 주었습니다. 이 경험을 바탕으로 생명과학을 과학자의 입장에서 연구한다고 생각하며 즐겁게 공부할 수 있었고, 심화과목 또한 고급생명과학으로 선택하여 좋은 결과를 거두었습니다. 약간의 지식으로 학문의 가치를 섣부르게 판단하기보다는, 감춰진 깊이를 탐구해보는 자세를 가지게 되었습니다.

POINT 독서경험을 통해 공학도로서의 책임감과 윤리의식, 그리고 학문적 탐구자세를 드러내고 있다. 낯선 곳에 갈 때 네비게이션을 찍고 가듯, 자소서를 쓸 때는 키워드를 먼저 설정하고 써야 한다.

1. 고등학교 재학 기간 중 학업과 학습경험에 대해 느낀 점을 중심으로 서술하세요. (1,000자 이내)

저는 지구과학 천문파트의 h=90°-L+d라는 남중고도공식을 학업에 대입했습니다. 90°라는, 별지기들에게 가장 높은 곳을 의미하는 그곳에 목표를 두었습니다. 처음에는 '수학 5점 올리기'처럼 눈앞의 것을 목표로 잡았지만 이루는 데 많은 노력이 필요치 않았고 다음 시험에는 성적이 더 많이 떨어졌습니다. 수학이 5등급까지 떨어지고서야 낮은 목표가 문제임을 깨달았습니다. 그때부터 90°의 목표를 세웠습니다. 성적은 40점대였지만 목표는 그보다 훨씬 높은 70점대였기 때문에 이루기 어려웠습니다. 그래서 더더욱 노력했고 무언가를 위해 노력한다면 결과에 상관없이 스스로에게 당당할 수 있음을 깨달았습니다.

그러나 항상 자만이라는 한계에 부딪쳤습니다. 세 시간치 공부를 한 시간만 하고 '이 정도면 되겠지'라며 합리화하다보니 목표를 향해 나아가지 못했습니다. 이를 극복하기 위해 하루 동안 공부한 내용과 시간을 노트에 기록했습니다. 하루 3시간과 영어지문 몇 개로 시작된 노트가 8시간, 9시간을 지나 하루 11시간과 모든 과목이 잘 섞인 결과로 채워졌을 때 어느새 자만심이 사라졌음을 느꼈고 자신과의 경쟁에서 이기기 위해 노력하는 자세를 갖출 수 있었습니다.

계획 세우기도 완료했고, 스스로의 한계도 극복했으니 남은 것은 실행뿐이었습니다. 하루 10시간 프로젝트, 수학 2개월 프로젝트 등 세부 목표를 정했고 친구와 정해진 시간마다 수학풀이를 공유하며 성취도를 검사했습니다. 늘 작심삼일의 정석을 보여주었지만 친구와 서로를 의지하며 꾸준히 계획을 실천하는 법을 배워나갔습니다. 그 과정에서 나의 가장 큰 적은 나임을 느꼈고 스스로를 경계하는 것의 중요성을 배웠습니다. 좋은 계획도 실천이 병행될 때에만 빛난다는 사실을 알게 되었고,

곁에서 함께 하는 사람이 있다면 더 즐겁게 목표를 향해 나아갈 수 있음을 깨달았습니다.

목표의 90°에 한계의 L을 빼고 실행의 d를 더해 완성한 제 인생 첫 공식 덕에 40점대였던 수학을 78점까지 올릴 수 있었으며 수학공부에 대한 두려움도 극복했습니다.

POINT 남중고도공식을 학습경험에 대입한 아이디어가 기발하다. 500자 에피소드 2개 구성이라는 도식을 벗어나서 '남중고도공식'이라는 컨셉에 맞추어 단락을 3개로 세분화했다.

2. 고등학교 재학기간 중 교내 활동을 배우고 느낀 점을 중심으로 3개 이내로 기술해 주시기 바랍니다. (1,500자 이내)

〈2014, 별에서 온 그대〉

'바주카포를 들고 다니는 별에서 온 그대.' 친구들은 망원경으로 하늘을 관측하는 저를 이렇게 불렀습니다. 관측할 때만큼은 마냥 행복했고, 그 행복을 오래 기억하기 위해 대상을 스케치하고 느낌을 쓴 일지를 작성했습니다. 처음에는 목성을 빛으로밖에 보지 못했지만 1년의 노력 끝에 줄무늬는 물론이고 플레이아데스성단 뒤의 메로페성운까지 확인했습니다. 최선을 다해 노력한 끝에 불가능하다 생각했던 것을 이뤄냈기에 시간이 전혀 아깝지 않았습니다. 망원경으로 본 대상은 기대했던 것만큼 크고 선명하지 않았지만 사진 속의 대상을 두 눈으로 직접 보고 있다는 것이 감동적이고 신기했습니다. 얼음처럼 차가워진 망원경과, 두꺼운 옷으로도 막을 수 없는 추위에 시달리면서도 실력 향상을 확인할 수 없어 괜한 짓이 아닌지 회의감이 들기도 했지만 마침내 노력의 결과를 얻어냈을 때 고민한 것의 배로 성취감이 돌아오는 것을 느꼈습니다. 꾸준한 노력에 그것을 향한 열정이 더해진다면 이루지 못할 것은 없다는 것을 깨달았습니다.

〈내 안의 북극성을 찾아서〉

'천문학자는 별의 숨은 진리를 찾는데서 아름다움을 느낀다'는 말이 있습니다. 늘 숨은 진리가 궁금했지만 경험이 부족해 정의할 수가 없었습니다. 책과 인터넷을 찾아봐도 이해가 되지 않았기에 용기를 내어 천문연구원의 박사님께 멘토링을 요청했고 긍정적인 답변을 받았습니다. 직접 연구원을 방문하고 메일도 주고받으며 7개월간 진행된 멘토링에서 박사님께서는 숨은 진리란 별의 아름다움에 심취하는 것만이 아니라 별의 탄생에서 죽음까지의 과정을 밝히려고 노력하는 것이라 말씀하셨습니다. 경험에서 우러나온 그 말을 들은 후 언젠가는 저만의 '진리'를 정의해 하늘을 공부하는 사람들에게 또 다른 이정표가 되어줄 것을 다짐했습니다. 우주과학 분야에서 당당히 성공한 박사님의 모습을 보며 꿈을 이룬 사람의 모습이 얼마나 멋있는지 깨달았고, 언젠가는 저 또한 꿈을 이뤄 꿈을 위해 노력하는 사람들에게 '손을 내밀어주는 과학자'가 되겠다고 다짐했습니다.

〈늪에서 벗어나는 법〉

고3, 진로를 정하는 시기에 꿈에 대한 확신을 잃었습니다. 그때 로체원정대를 알게 되었고, 자신을 이겨내고 미래를 확신하는 대원들을 보며 그곳에서 찾을 것이 있다는 느낌을 받아 주변의 반대를 무릅쓰고 원정대에 합류했습니다. 첫 훈련지는 태백산이었습니다. 다리가 뻣뻣해지고 숨이 가빠져 더 이상 걸을 수 없을 것 같았지만 노력도 하지 않고 하산한다면 자신을 이길 수 없을 것이라 생각했습니다. 한계에 도전하며 정상에 도착했을 때, 꿈을 확신하지 못했던 이유를 깨달았습니다. 그 원인은 두려움과 '할 수 있을까?'하는 불안감이었습니다. 그런 것들이 꿈을 향한 길에

늪을 만들었고, 늪에 빠진 것도 모른 채 달리다보니 지쳐버린 것입니다. 이 활동을 통해 자신에 대한 불신이 두려움을 만들어낸다는 것, 이를 극복하기 위해 저를 믿고 도전해야 한다는 것을 배웠고 스스로를 돌아보는 시간이 필요함을 깨달았습니다. 원정대 활동을 끝낸 후 제 꿈을 다시금 확고히 할 수 있었습니다.

POINT 각 에피소드마다 인상적인 첫 문장이 눈길을 끈다. '2014, 별에서 온 그대' 등 드라마 제목을 패러디한 소제목도 센스 있다.

3. 고등학교 생활 중 배려, 나눔, 협력, 갈등 관리 등을 실천한 사례를 들고 느낀 점을 서술하세요. (1,000자 이내)

종이와 연필, 기록과 정리. 교내 정치외교역사동아리 '반디'의 부장이었던 저는 이것으로 동아리를 다시 일으키며 '반디르네상스'라는 단어를 탄생시켰습니다.

활동을 기록하게 된 것은 회의에 불참한 부원들과의 갈등 때문이었습니다. 회의 내용을 제대로 기록하지 않았기 때문에 한 번 회의에 빠지면 다음 활동을 진행하는데 문제가 많았고, 그럴 때면 부원들은 동아리에서 소외된 것 같다며 서운해 했습니다. 처음에는 그것이 회의에 빠진 아이들이 '감당해야 할 몫'이라 생각했습니다. 하지만 그 태도에 서운해 하는 아이들이 많아졌고, 이를 해결하기 위해 '고쳐야 할 것'에 대해 생각해보니 배려 없는 제 모습이 문제였음을 깨달았습니다. 아이들의 처지를 이해하지 않고 내 주관만을 내세웠던 것이 창피해졌습니다. 그래서 뒤따라올 아이들을 위한 이정표를 만들겠다고 다짐했고, 동아리시간 종이와 연필은 제 필수품이 되었습니다.

회의 때 나온 의견을 종이에 빠짐없이 기록하고 정리해서 카페에 올렸고, 부원 모두에게 개인적으로 회의 내용을 다시 알려줬습니다. 번거롭고 힘든 일이었지만 효율적인 동아리운영을 위해 나부터 변해야 한다고 여겼고 더 편하게, 열성적으로 활동에 참여하는 부원들을 보며 보람과 뿌듯함도 느꼈습니다. 그 후 저를 더 지지하고 신뢰해 준 부원들 덕에 작은 배려는 더 큰 호의가 되어 돌아온다는 것도 배웠습니다. 개인적인 태도로 활동에 임하던 부원들이 협력하고 배려하며 우리가 공동체임을 배워갔고 동시에 서로를 아끼기 시작했습니다. 활동도 더 활발해져서 길거리캠페인에서는 기대 이상으로 많은 사람들의 호응을 얻었고 함께 진행된 위안부할머니들을 위한 기부행사 또한 성황리에 끝낼 수 있었습니다. 점차 '나'가 아닌 '우리'의 모습을 갖추어가는 동아리의 모습이 너무 자랑스러웠습니다. 협력과 배려가 있는 곳에는 갈등이 없다는 것을 이 활동을 통해 확실히 느꼈고, 공동체에서 당연히 지녀야 할 '역할에 대한 책임'에 대해 생각할 수 있었습니다. 또한 '우리'의 모습이 얼마나 아름다운지를 배웠습니다.

POINT 500자 에피소드를 2개 배치하는 블록식 구성은 분명히 편리하고 효과적이지만 얼마든지 다른 구성방식도 가능하다. 위 예문처럼 하나의 상징물이나 컨셉(반디르네상스)을 세부적인 단락으로 나누는 것도 좋은 대안이 될 수 있다.

---

4. 지원자의 교육환경(가족, 학교, 지역 등)이 성장과정에 미친 영향과 지원 학과에 지원한 동기, 입학 후 학업(진로)계획에 대해 기술하세요. (1,500자 이내)

밝은 보름달을 보며 토끼를 찾고 소원을 비는 모습은 한국의 어느 집에서나 찾아볼 수 있는 평범한 풍경이었고 그것은 우리가족에게도 마찬가지였습니다. 그럼에도 제가 하늘을 특별하게 여기게 된 이유는, 그 시간만큼은 가족 모두가 함께였기 때문입니다. 회사 일에 바쁘신 아버지까지 모두 함께 달을 바라보며 산책하던 그 날들이 무척이나 행복하고 특별했습니다. 그래서인지 저는 어릴 적부터 저만의 하늘을 가질 수 있었습니다. 하늘을 바라본다는 일은 제게 가장 행복한 일 중 하나였지만 어머니가 그곳으로 떠나신 이후 하늘을 올려보는 일은 슬프고 힘든 일로 바뀌었습니다. 그때 누군가가 "엄마가 하늘에서 너를 지켜보고 있을 거야"라고 말해주었고 덕분에 다시 하늘을 바라볼 수 있게 되었습니다.

어려서부터 시작된 하늘에 대한 관심은 자연스럽게 천문학과 우주과학 분야로 이어졌고, 중학교 때부터 아마추어 천문 동호회 회원으로 활동하며 천문 이벤트나 관측, 대학캠프에 관한 정보를 주고받았습니다. 덕분에 고등학교 2학년 때 '경희대 우주과학캠프'에 대해 알게 되었고 참여할 기회를 얻었습니다. 설렘 반 걱정 반으로 참여한 캠프는 흥미진진했고, 토성을 보며 느낀 감동을 잊을 수 없다는 조 선생님과의 대화를 통해 학생들이 얼마나 이 학문에 열성적으로 임하고 있고 과에 대한 애착이 강한지를 느꼈습니다.

행복하게 공부하는 학생들이 모인 경희대는 대학에 관한 제 이상과 너무 비슷했고 그 일부를 경험하는 것만으로도 기쁘고 벅찼기에 언젠가는 꼭 이 학교, 이 과에 들어가서 그 모습의 일부가 되고 싶다고 생각했습니다.

입학 후에는 교양교육 프로그램인 후마니타스칼리지를 통해 천문학뿐만 아니라 한국과 사람의 심리 등을 깊게 이해하여 문화세계의 창조를 이루기 위해 노력하겠습니다. 전공과목으로는 천체물리학과 우주관측을 배울 것입니다. 상대성이론을 정확히 배우고 이를 바탕으로 한 워프드라이브 개념에 대해 공부하며 우주관측을 배워 후에 하게 될 외계행성연구에 밑거름이 될 수 있도록 하겠습니다. 또, 동아리 '별路'에서 스타호핑법과 관측기술을 배워 메시에 마라톤에 도전할 것입니다. 오랫동안 관측을 해 온 여러 선배들께 노하우를 배워 하늘을 바라봄과, 그것을 향한 애정에 있어 조금의 부족함도 없도록 하고 싶습니다. 천문학과 우주과학의 궁극적인 목표는 호기심을 해결하고 삶을 더 윤택하게 만드는 것이라고 생각합니다.

저는 경희대의 교환학생 프로그램을 통해 미국과 유럽의 천문을 경험함으로써 외국에서는 이 목표를 위해 어떤 노력을 하고 있는지, 그것이 우리나라와는 어떤 면이 다른지를 배울 것입니다. 우리나라에 국한되지 않고 더 넓은 시각을 갖춰 차세대 글로벌리더의 자질을 키우겠습니다. 대학원에서 외계행성탐사를 배워 한국천문연구원의 연구원이 되고 싶습니다. 워프드라이브와 같은 가설에 초점을 맞추고 외계행성과 문명에 대한 연구를 함께 진행해 그 존재를 증명하고 싶습니다. 인류의 호기심 해결과 외계행성탐사를 위한 기술개발에 힘써서 우리나라가 독자적인 기술로 연구하는 우주선진국이 될 수 있도록 노력할 것입니다.

POINT 성장과정과 지원동기가 자연스럽게 연결되고 있으며, 교육프로그램(후마니타스칼리지), 동아리(별路) 등 지원 대학에 대한 철저한 자료조사 바탕으로 학업계획을 구체적으로 전개하고 있다. 경희대 우주과학캠프에서의 경험이 지원동기가 되기 때문에 지원 대학에 대한 적극적인 애정공세도 가식적으로 보이지 않는다. 마지막 단락에 나타난 미래에 대한 포부와 자신감도 긍정적인 인상을 준다.

1. 고등학교 재학 기간 중 학업과 학습경험에 대해 느낀 점을 중심으로 서술하세요. (1,000자 이내)

〈5~ 필승 공부법〉

저의 공부습관은 숫자 '5'와 관련 있습니다.

자습시간 중 공부할 의욕이 생기지 않을 때는 '5'분 동안 눈을 감고 미래에 마케터가 된 모습을 생각하며 마음을 다잡았습니다. 이렇게 꾸준히 꿈을 떠올리면서 막연히 '마케터'라는 목표에서 '브랜드 매니저'라는 목표로 구체화 되었습니다. 다양한 문화적 배경을 요구하는 직업인 만큼 영어를 소홀히 해선 안 된다고 생각했습니다. 그 후로 자주 졸던 영어 시간에는 '5'분만 앉아서 수업을 듣고 나머지 시간을 교실 뒤에서 수업을 들었습니다. 덕분에 영어는 가장 흥미 있는 과목이 되었습니다.

꿈을 그리는 사람은 마침내 그 꿈을 닮아간다는 말처럼 고등학교 기간 동안 저는 꿈을 그리고 닮아가기 위해 노력했습니다. 그 결과 자습과 수업태도에서 저의 단점들을 극복하게 되었습니다. 덕분에 1학년 내신 3.2에서 2학년 때는 2.2로 올릴 수 있었고, 스스로에 대한 인식도 '끈기가 부족한 사람'에서 '한다면 할 수 있는 사람'으로 바뀌게 되었습니다.

〈명품백보단 피드백〉

저는 튜터링을 통해 문제해결능력을 갖추었습니다.

튜터링 수업은 선생님의 설명을 일방적으로 듣는 것이 아니라, 학생들이 자신의 문제 풀이과정을 설명한 후 각자의 부족한 점을 서로에게 피드백을 해주는 방식으로 진행되었습니다. 영어 튜터링 때는 제가 지문을 끝까지 읽지 않고, 단서만 보고급하게 답을 찾다 보니 실수를 하는 것 같다고 피드백을 해주었습니다. 덕분에 저의 문제점을 파악할 수 있었고 점차 실수도 줄일 수 있게 되었습니다. 그리고 저는 '수열의 귀납적 정의'와 관련된 문제를 풀 때, 미리 주어진 식을 통해 뒤의 식을 추리해나가는 풀이 방식을 친구에게 알려 주었습니다. 친구는 앞으로 이 방법을 활용해 보겠다면서 고마워했습니다. 이렇게 지속적인 피드백 중심의 수업을 통해 다른 사람의 의견을 수용해서 자신의 문제점을 고쳐 나가는 것이 중요하다는 것을 깨닫게 되었고, 다양한 방법으로 문제를 해결하는 능력을 키울 수 있었습니다.

POINT 우선 재치 있는 소제목이 눈에 띈다. 주근깨 구조가 어떻게 자연스럽게 적용되었는지도 살펴보자.

2. 고등학교 재학기간 중 교내 활동을 배우고 느낀 점을 중심으로 3개 이내로 기술해 주시기 바랍니다. (1,500자 이내)

〈We Asia, Win Asia〉

교내에는 마케팅 관련 대회가 없다 보니 고등학교 2학년 때 부터 슬로건이나 네이밍 공모전에 참여했습니다. 그러던 어느 날 학교 게시판에 '2013 인천 실내·무도 아시안게임 응원문구 공모' 안내가 게시되었습니다. 저는 인천학생으로서 좋은 기회라 생각하고 바로 참가했습니다. 응원 문구를 만들 때는 아시아인의 화합과 승리의 의미를 담으면서 기억하기 쉽고 발음하기 쉽게 만들기로 했습니다. 그 결과 'We Asia Win Asia'라는 응원 문구를 만들었습니다. 이렇게 탄생한 문구는 장려상을 받았고 실내 무도 아시안게임 경기장에 현수막으로 게시되었습니다. 이전까지는 공모전에서 뚜렷한 수상실적이 없어서 실망했지만, 이 활동 덕분에 저의 기획력에 자신감을 가질 수 있었습니다. 또한, 외국 분들께 인천에 대해 좋은 인상을 심어주는 데 도움을 준 것 같아서 뿌듯함도 느꼈고. 나중에는 한국을 세계에 알릴 수 있는 슬로건을 만들고 싶은 욕심이 생겼습니다.

〈감귤초콜릿의 진실〉

2학년 때, 제주도 탐구보고서 조를 이루는 과정에서 인원수 제한 때문에 각조에서 1명씩 빠져야했습니다. 그렇게 우리 조는 빠진 아이들이 모여 완성되었습니다. 설상가상으로 선생님은 저를 조장으로 임명하셨고 이 조를 어떻게든 이끌어야 했습니다. 저는 의욕이 떨어진 조원들의 참여를 이끌고 읽는 사람들도 관심을 보일 만한 '감귤 초콜릿의 진실' 이라는 주제로, 감귤초콜릿이 왜 지점마다 가격이 10배 정도 차이가 나는지 조사하도록 했습니다. 흥미로운 주제를 선정하니 조원들도 초콜릿 단면 비교사진을 보내고 알아낸 정보들을 공유하기 시작했습니다. 덕분에 수월하게 조사가 이루어졌고 중국산 OEM초콜릿의 대폭수입이 가격차의 원인이라는 것을 밝혀냈습니다. 비록 수상은 못했어도 선생님들께서 가장 재미있게 읽었다고 저희 조원들을 불러 칭찬해주셨습니다. 이러한 과정을 통해 리더로서 팀원들 입장에서 생각할 줄 알고 그들을 격려하며 이끄는 착한 리더십을 배울 수 있었습니다.

〈홍보가 기가 막혀〉

2학년 때 동아리 발표회 준비를 하면서 저는 동아리 홍보지 만드는 일을 맡았습니다. 어떻게 해야 우리 동아리를 돋보이게 할지 고민하던 중, 친구들의 관심을 끌기 위해서는 다른 동아리들의 홍보지와는 차별화된 뭔가가 필요하다고 생각했습니다. 대부분의 동아리는 전지에 그동안의 활동 모습을 찍은 사진 등을 넣어서 화려하게 장식을 한 홍보지를 만들고 있었습니다. 하지만 저는 검정색 B4용지에 '죄송합니다. 기가 막힌 체험활동을 준비하느라 홍보지까지 만들 시간이 없었습니다.'

라는 문구만 적었습니다. 저의 '차별화 전략'은 효과가 있었습니다. 크고 화려한 홍보지 사이에서 작고 단순했던 홍보지는 친구들의 호기심을 자극했고 발표회 당일 우리 동아리 코너에 가장 많은 친구들이 찾아왔습니다. 저는 이 활동을 통해 무엇보다 아이디어가 중요하다는 것을 깨달았습니다. 그리고 남들과는 다른 생각, 다양한 시각으로 생각할 수 있는 힘을 기르는 것이 필요하겠다는 생각을 하게 되었습니다.

POINT 마케팅에 관심이 많은 학생답게 광고카피같이 톡톡 튀는 소제목이 인상적이다. 에피소드들도 지원 학과(경영학과)와 자연스럽게 연결된다.

3. 고등학교 생활 중 배려, 나눔, 협력, 갈등 관리 등을 실천한 사례를 들고 느낀 점을 서술하세요. (1,000자 이내)

고등학교 1학년 때부터 시각장애인 재활기관인 '광명원'에서 봉사를 해왔습니다. 저는 그곳에서 앞을 보지 못하는 아이들에게 농구와 수학을 가르쳐 준 경험이 가장 기억에 남습니다.

15살 승원이는 처음에 농구공을 던질 때마다 계속 빗나가서 포기하고 싶어 했습니다. 하지만 항상 버릇처럼 농구를 하고 싶다고 말하는 아이인 걸 알기 때문에 저는 포기하지 말라며 계속 용기를 주었습니다. 중학교 때 농구부에서 배운 기초적인 자세나 슛 던지는 법을 알려주었고 그 아이의 눈을 대신해서 공이 어느 방향으로 빗나갔고 강약조절을 어떻게 해야 하는지 알려주었습니다. 이렇게 봉사 갈 때마다 30분씩 함께 농구를 연습한 결과 이제는 정확한 자세로 슛을 할 수 있게 되었습니다.

7살 미순이에게는 수학을 가르쳤습니다. 처음에는 연필을 쥐고 있는 아이의 손을 잡고 식을 써 내려가며 알려주었습니다. 그런데 일반적으로 알고 있는 숫자와 부호와 점자책에 있는 것과 달라서 미순이가 이해를 못했었습니다. 그래서 덧셈, 뺄셈에 대한 개념은 손톱으로 아이의 손가락을 찍어주면서 알려주었고 곱셈과 나눗셈은 집에서 유리구슬을 가져와서 알려주었습니다. 2 곱하기 3이라면 2개의 유리구슬을 3번씩 쥐게 해서, 6 나누기 2라면 6개를 쥐게 한 다음 2개씩 떨어뜨리게 해서 개념을 알려주었습니다. 이렇게 지속해서 도와준 결과 복잡한 사칙연산도 스스로 할 수 있는 실력이 되었습니다.

2명의 아이들을 가르치며 시각장애인은 가능보단 불가능이 많을 것이라는 편견을 그들도 노력하면 뭐든지 가능하다는 생각으로 바꿀 수 있었습니다. 또한 예전에는 TV에 나오는 장애인분들의 모습을 보며 '나는 건강한 신체를 가지고 태어나서 참 감사한 것 같다.'라고 생각했지만, 항상 열정적이고 긍정적인 아이들을 보며 건강한 신체보다 건강한 마음이 더 중요하다는 걸 깨달았습니다. 그래서 저는 광명원 아이들을 닮아가려고 노력했고, 그 결과 봉사를 하지 않았던 때보다 지금의 제가 훨씬 밝고 긍정적인 사람이 되어있었습니다.

POINT 장애인 기관에서의 봉사활동은 자칫 틀에 박힌 구성이 되기 쉽다. 그러나 위 예문은 구체적인 상황설정과 차별화된 배우고 느낀 점으로 흔한 소재가 지닌 한계를 뛰어넘었다. 흔한 소재를 쓰더라도 남들보다 깊이 파고들면 차별화된다.

4. 지원동기와 대학 입학 후 학업 계획 및 향후 진로계획에 대해 기술해 주시기 바랍니다. (1,000자 이내)

세계적 기업 '코카콜라'는 빨간 캔을 버리고 흰색 캔에 담겨진 콜라를 출시하면서 북극곰 돕기 캠페인을 벌였고 이 덕분에 5개월만에 22억 원을 모았다고 합니다.

2학년 교내행사 중 '직업인 초청의 날'에 사회적 기업가 분의 강연에서 이러한 사례를 들으며 마케팅은 공격성과 화제성만 갖추면 된다는 저의 생각이 바뀌게 되었습니다. 그 후로 기업을 사회적 방향으로 이끄는 브랜딩 업체를 경영해야겠다고 다짐했습니다. 그래서 저는 유일한 창업관련학과인 숭실대 벤처중소기업학과에 지원하였습니다.

대학 입학 후에는 전공과목에 충실하는 것은 물론이고, 선진홍보부에 들어가 경영 동아리에서의 경험을 살려 학부를 널리 홍보하겠습니다. 또한, '7+1 장기해외봉사 프로그램'을 통해 사회적 기업가로서 필요한 봉사정신을 갖추고, '메타클래스'에서 브랜드 매니저과정을 이수하여 마케팅공부를 보충하겠습니다. 취미활동으로는 저의 기타연주라는 장기를 살려 '힐링밴드'를 결성하여 힘들고 지친 학생에게 위로가 되는 음악 활동을 하겠습니다.

대학 졸업 후에는 '네이미스트'를 꿈꿔왔을 때부터 관심을 가졌던 '메타 브랜딩' 회사에 '브랜딩/마케팅 전략 전문가'로 취업하는 것이 저의 목표입니다. 메타 브랜딩을 선택한 이유는 '좋은 브랜딩으로 세상을 아름답게 만든다.'라는 슬로건이 제가 추구하는 마케팅의 목표와 같았고 이를 실현하기 위함입니다.

나중에 BM으로서 자리를 잡게 되면 '메타 브랜딩'의 기업정신을 이어받은 브랜딩 업체를 경영하겠습니다. 주요목표는 대부분의 기업이 하고 있는 그린마케팅보다는 장애인에 대한 인식 개선 마케팅입니다. 광명원 봉사활동 중 아이를 데리고 지하철을 탄 적이 있는데, 지하철안 사람들 대부분 그 아이를 신기하다는 듯 쳐다보고 있었고 아이가 가만히 있었는데도 한숨을 쉬며 피하는 분도 계셨습니다. 이런 경험을 통해 아직 사람들의 장애인에 대한 인식이 열려있지 않다는 걸 알았습니다. 그 후로 이러한 인식을 바꿀 사회적 마케팅을 기획해야겠다고 다짐했습니다.

POINT 시간적 순서에 따른 계획과 항목별 순서에 따른 계획이 잘 섞여 있다. 첫 번째 단락에서 코카콜라 이야기가 흥미를 불러일으키며 자연스럽게 지원동기와 연결된다. 공통문항 3번의 장애인 기관 봉사활동과 관련된 사회적 마케팅도 긍정적인 인상을 준다.

1. 고등학교 재학 기간 중 학업과 학습경험에 대해 느낀 점을 중심으로 서술하세요. (1,000자 이내)

〈Teach, Reach〉

물리수업시간에 종종 했던 발표수업은 제게 '부족한 점을 찾아 보강하는' 공부법을 발견하게 해주었습니다. 제비뽑기로 발표자를 정했기 때문에 팀에 피해를 주지 않으려면 모든 조원이 문제를 완벽히 파악해야 했습니다. 때문에 서로 가르쳐주고 배울 수 있음은 물론, 친구들의 다양한 풀이로 풀어보는 재미도 느낄 수 있었습니다. 친구에게 문제를 가르쳐주는 과정에선 중간중간 나도 모르게 뚫려있던 지식의 구멍이 메워지는 걸 느끼기도 하였습니다. 혼자 풀 땐 전혀 몰랐을 거란 생각에 뿌듯했습니다. 이렇게 손으로 푸는 것과 말로 설명하며 푸는 것의 차이를 실감하고 혼자 공부할 때도 스스로에게 설명하는 습관을 가졌습니다. 전 이렇게 알게 된 또래교사의 장점을 적극 활용하기로 했습니다. 친구가 물어보길 기다리기 전에 내가 먼저 알려주고 부족한 점을 찾아내었습니다. 그 결과 물리에 대한 흥미와 애정은 커져갔고, 성적도 자연스레 오르게 되었습니다. 그런 저의 열정은 물리2 선택으로도 이어졌습니다.

〈Stop 모션, Start 크리에이션〉

미술수업시간을 통해 스톱모션 애니메이션 제작기법을 배우며 창의력과 협력하는 법을 배웠습니다. 저는 다른 조와 차별화될 수 있으면서도 스톱모션의 특징을 적극 활용할 수 있는 장면을 찍고 싶었습니다. 그러다 귀신이 복도 끝에서부터 점점 다가오는 공포영화의 한 장면을 떠올리고 조원들에게 귀신이야기를 제안하였습니다.

다행히 반응이 좋아 바로 회의를 통해 구체적인 스토리보드를 짤 수 있었습니다. 이 과정에서 사진을 찍고 컴퓨터로 편집하는 활동도 미술의 범주에 속하며, 그만큼 창의력을 다양하게 펼칠 수 있는 창작활동이란 걸 깨달았습니다. 덧붙여 선생님과 친구들에게 '기발하다, 잘 만들었다'고 칭찬을 들으면서 자신감을 얻어, 명화 패러디, 의상 디자인, 의자 만들기 등 다양한 미술활동에 손재주를 발휘하였습니다. 결국 언제나 적극적으로 참여하면서 머릿속에 떠다니는 아이디어를 구체화시키고 형태를 만들어내는 일을 즐기게 되었습니다.

POINT 첫 번째 에피소드에서는 물리학에 대한 열정을, 두 번째 에피소드에서는 미술수업을 통해 배운 창의력을 어필하고 있다. 공통문항 1번에 꼭 지원 학과와 직접적으로 관련되는 과목이나 주요과목이 들어가야 하는 것은 아님을 확인할 수 있다.

2. 고등학교 재학기간 중 교내 활동을 배우고 느낀 점을 중심으로 3개 이내로 기술해 주시기 바랍니다. (1,500자 이내)

로봇과학 동아리시간에 로봇이 앞, 뒤로 움직일 수 있도록 프로그래밍 하는 방법을 배웠습니다. 이때 로봇이 프로그래밍한대로 움직이지 않고 제자리에서 빙글빙글 도는 문제가 생겨 오류를 찾아 수정하였으나, 고쳐지지 않았습니다. 그래서 프로그램을 다시 찬찬히 확인하고 부품이상을 고려하여 바꿔 조립하는 등의 시도를 해보았습니다. 결국 연결센서의 문제였단 걸 알아내었고, 이 과정을 통해 팀원들과 각자할 수 있는 일을 분담하여 문제를 해결하는 방법과, 문제발생 시 침착하게 원인이될 수 있는 모든 상황을 생각해봐야 한다는 것을 배웠습니다. 또한 프로그래밍을 배우면서 로봇에 대한 고정관념이 깨졌습니다. 로봇이라고 하면 영화 트랜스포머에 나오는 '로보트'나 '장난감'을 떠올렸지만, 내가 프로그래밍 한대로 움직이게 할 수 있는 현대과학기술의 결정체란 것을 알고 큰 매력을 느꼈습니다. 하지만 나날이 발전하는 기술에도 불구하고 로봇상용화에 대해 불안을 느끼는 사람들이 있습니다. 저는 로봇의 도움이 필요한 사람뿐 아니라 이런 사람들의 불안을 믿음으로 바뀌게 하기 위해서도 기술발전에 힘을 보태고 싶습니다.

1학년 때, 리더의 자질을 배우고 공유하기 위해 도내 고등학교에서 모인 리더들과 리더십 함양 프로그램을 이수하였습니다. 그 중 가장 기억에 남는 활동은 분임별 장기자랑입니다. 준비하는 과정에서 처음엔 다수가 자기표현이 강한 친구들이여서 의견충돌이 일어나 뒤죽박죽이었습니다. 그러나 곧 각자의 의견을 긍정적으로 수렴하되 불가능한건 제외하고 투표와 시행착오를 거쳐 의견 차이를 좁혀나갔습니다. 다양한 의견들을 아이디어로 수렴하여 의견을 통합하는 이번 경험을 통해 '공동체 안에서 소외되는 의견이 없도록 민주적으로 의견을 통합 한다'라는 '나만의 리더십'을 확립할 수 있었습니다. 다양한 의견을 모아서 이리저리 부딪혀 보며 다양한 시행착오를 겪어 보는 것의 중요성에 대해서도 깨달았습니다. 그리고 학교에 돌아와, 조별 뉴스제작 수행평가를 할 때에 이곳에서 배운 나만의 리더십을 적용하여 조원들의 의견을 최대한 활용했고 '기발하고 재미있는 작품'을 만들었습니다.

교내 반 대항 플라잉디스크대회에 대표로 뛴 경험이 있습니다. 처음엔 반에 뛰어난 선수가 많아 자신이 넘쳤지만, 팀이 꾸려지고 막상 연습을 해보니 득점에만 신경 쓰고 제 기량을 발휘하지 못하는 문제가 드러났습니다. 결국 개인포지션을 정해 팀워크를 끌어올리는 게 최우선 과제라는 걸 깨닫고 팀원들과 전술을 짜게 되었습니다. 그 결과 건설적으로 경기를 풀어나갈 수 있게 되었습니다. 기본 패스연습도 소홀히 하지 않아 다른 반에게 '무서운 팀'이라고 불리기도 하였습니다. 이외에 다양한 대회에 주전으로 참가해오면서 운동경기는 무엇보다 팀워크가 중요해서 개인기량에 관계없이 본인의 포지션에서 최선을 다해주지 않으면 소용없다는 걸 깨달았습니다. 때문에 잘 풀리지 않더라도 화를 내기보단 파이팅을 외치며 힘을 북돋아 독려하는 자세를 갖게 되었습니다. 앞으로 사람들과 무슨 일을 하더라도 원만하게 잘 헤쳐 나갈 수 있는 자신감과 요령을 배웠습니다.

POINT 각 문항 당 첫 번째 에피소드는 가급적 위 예문처럼 지원 학과와 직접적으로 관련이 있는 활동을 배치하는 것이 좋다. 첫 인상이 기억에 오래 남기 때문에 나머지 에피소드가 지원 학과와 다소 거리가 있더라도 전체적으로 학과연관성을 유지할 수 있다.

3. 고등학교 생활 중 배려, 나눔, 협력, 갈등 관리 등을 실천한 사례를 들고 느낀 점을 서술하세요. (1,000자 이내)

학창시절 마지막 수학여행을 떠나기 전, 값진 추억을 만들어보자는 취지로 반 전체가 장기자랑에 나가기로 하였습니다. 회의를 통해 인원이 많으니 조를 나눠 무대를 꾸민 후 단체 곡으로 마무리하기로 정하고 열심히 연습했습니다. 그러던 중 무대에 제한시간이 생겼다는 공지를 보게 되었고 단체 곡으로만 다시 새로 짜야하는 상황에 놓이게 되었습니다. 이때 설상가상으로 여름방학까지 겹쳐 아이들의 사기는 점점 떨어졌고 아예 좌초될 위기에 처하게 되었습니다. 그러나 절 포함한 여자아이들의 강력한 추진으로 방학 중 만나서 곡을 다시 정할 수 있었고, 춤 가르치기, 음악 편집 등 역할을 분담하여 본격적인 연습을 시작했습니다. 시간을 반이나 줄여야 해서 처음부터 무대를 다시 꾸며야 하는 위기가 있었지만 그 위기를 오히려 단합할 수 있는 계기로 만들어 좋은 결과를 낼 수 있었습니다. 아무리 어려운 도전이어도 적극적으로 끝까지 밀어붙인다면 뭐든 해낼 수 있다는 자신감을 갖게 해준 경험이 었습니다.

1학년 때, 한 달에 한번 중증장애인 요양시설인 가연마을 방문해, 지체장애를 갖고 있는 짝꿍 '성미 언니'와 여러 가지 활동을 했습니다. 하루는 언니가 종일 말도 안하고 활동에 적극적이지 않았는데, 무슨 일이 있냐는 물음에 아빠와 다퉜다는 의외의 대답이 돌아왔습니다. 아빠가 만나러오겠다는 약속을 지키지 않아서 속상했다는 말을 듣고 마치 친구와 대화하는 것 같았습니다. 동시에 그들도 우리와 같은 감정을 느끼는 하나의 인격체라는 걸 자각하게 되었습니다. 다만 조금 느리고 조금 더 예민할 뿐이란 걸 깨닫고부터는 알게 모르게 그들을 향해있던 편견의 마음이 부끄러워졌습니다. 전 초등학생 때부터 학교에 장애인친구들이 많았기 때문에 장애인에 대한 거부감은 없었습니다. 하지만 그들은 우리와는 다르다고, 자립할 수 없으며 항상 누군가의 도움이 필요한 존재라는 '편견'은 가지고 있었습니다. 그러나 이번 활동을 통해 그들과 함께하는 삶을 경험했고 앞으로 그들을 위해 편견 없는 손을 내밀어줄 수 있는 용기를 얻었습니다.

POINT ▶ 에피소드 자체는 평범하지만 배우고 느낀 점의 비중이 많다. 공통문항 3번을 차별화하려면 흔한 소재를 쓰더라도 남들보다 세부적으로 상황을 설정하거나 자신만의 배우고 느낀 점이 구체적으로 드러나야 한다.

1. 고등학교 재학기간 중 학업에 기울인 노력과 학습경험에 대해, 배우고 느낀 점을 중심으로 기술해 주시기 바랍니다. (1,000자 이내)

저는 문학작품 읽기를 통해 국사를 체계적으로 공부해야겠다고 마음먹었습니다. 소설과 시를 읽으며 문학에 미치는 시대상의 영향을 깨달았고 문학을 제대로 알려면 당시의 역사를 이해해야 한다고 생각해 국사 공부를 병행하면서 문학을 했습니다. 먼저 스토리텔링 방식으로 한국사를 공부하며 파편화된 사건들을 유기적으로 연결했습니다. 한국을 대하소설의 배경국가라고 생각하고 역사적 인물들은 소설의 인물이라고 생각했습니다. 인물들 간의 사건을 파악할 때는 갈등의 원인과 해결 과정을 이해하는데 중점을 두고 공부했습니다. 이름이 헷갈릴 때는 인물관계도를 그려서 정리했고 사건의 전후관계가 헷갈릴 때는 연대기 표를 그려서 이해했습니다. 하지만 세부적인 사항까지도 기입하긴 힘들어 따로 세부내용을 정리하여 붙였습니다. 또한 일제강점기 때의 한국은 한창 근대화가 진행되던 시대라 같은 연도에 일어난 사건이 많아 자주 헷갈렸습니다. 그래서 전체적인 근대화의 흐름을 알 수 있도록 큰 모눈종이에 표를 그려 가로는 연도, 세로는 항목별로 구분해 서로 영향을 준 것끼리 묶었습니다. 뿐만 아니라 부족한 부분이 있으면 왕조실록을 읽으며 교과서 밖의 국사도 공부하기 위해 노력하다보니 성적에서도 1등급을 유지할 수 있었고, 공부 방법을 친구들과 공유해 좋은 결과를 얻을 수 있었습니다.

사실 중요과목도 아닌 국사에 왜 열심이냐는 타박도 많이 들었었습니다. 그러나 한국사를 공부하며 단편적인 지식을 암기하는 데 그치지 않고 역사가 던져주는 전체적 메시지를 파악하고 그로부터 교훈을 얻으려고 노력한 경험은 현재를 객관적으로 성찰할 수 있는 눈을 주었습니다. 또한 흥미로운 역사 소재를 발견해 역사소설을 쓰기도 했습니다. 국어시간에 '연오랑세오녀 설화'를 역사적 근거를 바탕으로 재

해석한 소설을 발표했을 때 역사에 관심을 갖는 친구들이 늘어나는 것을 보고 기뻤습니다. 그전에는 잘 몰랐던 역사를 알아가면서 국문학을 관통하는 한의 정서에 대해 이해할 수 있게 되었고 이를 해학으로 승화시킨 국문학에 대해 더 애착이 생겼습니다.

POINT ▶ 한국사를 공부한 경험을 자연스럽게 지원 학과인 국문학과 연결시키는 센스가 돋보인다. 단락을 나누어서 가독성을 높였다면 더 좋은 자소서가 되었을 것이다.

2. 고등학교 재학기간 중 본인이 의미를 두고 노력했던 교내 활동을 배우고 느낀 점을 중심으로 3개 이내로 기술해 주시기 바랍니다. (1,500자 이내)

항공과 조선이 발달한 사천에서 자라난 저는 흔히 외국인 노동자를 접할 수 있었습니다. 평소에 '국경 없는 마을'등의 책을 보며 도움을 주겠다고 다짐한 것과 달리 실제로 으슥한 곳에 몰려있는 그들을 보면 피하기만 했습니다. 이런 편견을 없애기 위해 이노사 동아리 친구들과 다문화센터에서 한국어 보조교사로 활동했습니다. 예상은 했지만 문화차이에 의한 소통의 부재로 좀처럼 친해질 수 없었습니다. 말이 통하지 않으니 사이가 서먹했고 수업내용이 어려우니 참여율도 낮았습니다. 멍하니 교실 뒤편에 서있는 자신을 보며 더 이상 무의미한 시간을 보낼 수는 없다고 생각했습니다. 먼저 모르는 것이 있는지 물어보고, 쉬는 시간에도 다가가 살갑게 인사했습니다. 또 교재를 보니 저에게도 어려운 문법이 많아 어떻게 쉽게 가르칠 수 있을지 고민 끝에 저만의 문법만화를 만들었습니다. 그림은 만국공통어이니 통할 거라고 생각하여 외국인들이 가장 어려워한다는 높임말 용법을 상황에 맞게 그렸습니다. 가르치기 위해 제대로 문법을 공부하다보니 국어 경시대회에서도 금상을 탈 수 있었습니다. 또 양국 노래 배우기, 명절체험 등 교류 프로그램을 통해 자연스럽게 문화 거리감을 좁힐 수 있었고 관계없는 타인 같았던 그들이 같은 사람이라는 것을 느낄 수 있었습니다. 그리고 국어를 전보다 깊게 공부하면서 국어의 우수성을 느꼈고, 전문적인 국어공부를 통해 올바른 한국어를 확립하여 풍부하고 정확한 어휘와 표현 사용을 위해 노력하여 진정한 한국인으로서의 면모를 갖추고 싶어졌습니다.

'아는 만큼 보인다.' 사람은 자신이 아는 만큼의 세상을 산다고 생각합니다. 그러나 한정된 환경 안에서 살아왔기에 자신이 경험하지 못한 분야에서는 무지할 가능성이 높습니다. 그래서 넓은 시야와 다양한 사고를 위해, 원하는 주제를 선정해 개인 및 단체별로 연구한 결과를 공유하는 지식 나눔 동아리 jigsaw를 만들었습니다. 제일 기억에 남는 연구는 함께 각 나라별 디아스포라 문학의 특성을 연구한 것입니다. 초반에는 모두 열의에 차서 조사했으나, 시간이 지날수록 생각보다 어렵다느니 학교공부 때문에 시간이 없다느니 제대로 참여하지 않는 친구들이 생겼습니다. 회장이라는 생각에 책임을 떠맡아 벅찬 조사량에 홀로 힘들어할 때가 늘어났습니다. 고민 끝에 부원들의 참여율이 낮은 이유가 해야 할 일을 정확히 몰랐기 때문이라는 생각이 들었습니다. 큰 목표는 있지만 구체적으로 정해진 할당량이 없으니 중구난방으로 무산된 것이었습니다. 게다가 성향이 다른 학생들이 모이다보니 각자의 과제를 정하는 과정에서 의견을 조율하는 데에 시간을 너무 뺏겼습니다. 처음에는 제 마음대로 움직여주지 않는 부원들에게 화를 내기도 했으나 그럴수록 악화되는 상황을 보며 독단은 옳지 못하다는 사실을 깨달았습니다. 그래서 정식으로 회의를 열어 모두의 의견을 수렴해 과제를 정하려 노력하는 과정에서 서로의 입장을 고려하고 의견을 존중하는 사고와 배려하는 말하기를 배울 수 있었습니다. 이 과정이 항상 순탄한 것은 아니었으나 협력과 소통의 중요성을 알게 된 계기가 되었습니다.

POINT ▶ 외국인 노동자를 접했던 어린 시절의 경험을 자연스럽게 지원동기와 연결시키고 있다. 이는 나중에 미래에 대한 포부로까지 이어진다. 단, 공통문항 1번과 마찬가지로 가독성이 떨어지는 단락구분에는 다소 아쉬움이 남는다.

3. 학교생활 중 배려, 나눔, 협력, 갈등 관리 등을 실천한 사례를 들고, 그 과정을 통해 배우고 느낀 점을 기술해 주시기 바랍니다. (1,000자 이내)

2학년이 되어 소외계층 아이들을 돌봐주는 두레공부방이라는 곳에서 학습 도우미로 참여했지만 항상 갈등의 연속이었습니다. 차가운 아이들의 태도에 회의감이 들었고 대충 시간 때우다 가자란 심정으로 대하니 사이도 벌어졌습니다. 그러던 어느 날, 언제나처럼 저녁도 먹지 못하고 헐레벌떡 달려온 저를 위해 간식으로 받은 빵을 남겨 논 한 아이 덕분에 제 잘못을 깨달았습니다. 저는 그저 넘어진 아이를 달래기 위해 이야기를 들려주었을 뿐이었지만, 아이는 그 일을 기억하고 있다가 저를 위해 빵을 준 것이었습니다. 그 후 아이들을 그저 봉사 대상으로 바라보고 봉사시간이 끝나면 뒤도 안 돌아보던 제 자신을 반성하고 진심으로 대하기 시작했습니다. 봉사 날이 아니더라도 공부방에 들려 아이들과 놀아주고, 아이들의 입장에서 먼저 생각하자 아이들은 마음을 열기 시작했습니다. 편견을 내려놓고 상대의 입장이 되 보는 것이 배려의 시작이라는 것을 깨닫는 계기가 되었습니다.

3학년 초, 고등학교 마지막 추억을 만들자며 유니세프의 '한 학급 한 생명 살리기'에 참가하여 후원을 해오고 있던 저희 반에 사건이 터졌습니다. 그동안 후원금을 안내고 있던 아이들이 공개적인 창피를 당하면서 불만의 목소리가 생긴 것이었습니다. 저는 아이들이 돌변한 이유가 아동과 저희 사이에 유대감이 없어 실제로 책임지고 있다는 것을 느낄 수 없었기 때문이라 생각하여 후원아동에게 편지를 보내자고 제안하였습니다. 모두가 힘을 합쳐 편지를 쓰고, 선물을 준비하다보니 대화할 기회가 많아졌고 서로를 잘 이해할 수 있었습니다. 처음에는 후원하겠다는 약속도 잊고 이제 그만 하고 싶다는 아이들이 책임감 없어 보였고, 편지를 영어로 번역하며 왜 나만 희생 하냐는 생각도 들었습니다. 그러나 답장을 받아 함께 기쁨을 누리면서 진정한 나눔은 혼자 베푸는 것이 아니라 상호적으로 얻는 것이라는 걸 깨달았습니다. 저의 존재가 누군가에게 도움이 된다는 사실이 행복했고 나를 조금 희생하여 얻는 즐거움은 희생의 값어치보다 더 크다는 것을 알게 되었습니다.

POINT 공통문항 3번은 에피소드와 배우고 느낀 점이 다소 평범하다. 공통문항 3번을 참신하게 쓰면 자소서 전체의 차별성이 크게 업그레이드된다. 자신만의 차별화 전략을 연구할 필요가 있다.

4. 학업역량, 지적탐구역량, 성실성, 자기주도성, 창의성, 공동체의식 중 추가로 보충하고자 하는 내용에 대하여 구체적인 사례를 중심으로 기술해주시기 바랍니다. (1,000자 이내)

"중국은 윤동주를 중국 내 소수민족 윤동주라고 한다. 일본의 가와무라는 자이니치 문학을 빼면 일본문학을 얘기하기 어렵다고 했다. 그런데 한국에서는 이창래를 한국 문학상 후보에서 논외로 배제했다" 이산문학의 현실을 일축하는 말입니다. 이러한 전 세계에 퍼져 있는 우리 민족의 문학에 대해 생각해 보게 된 계기는 1학년 국어시간에 배운 윤후명의 '하얀 배'라는 작품이었습니다. 이후 과제로 이산문학에 대해 조사하면서 디아스포라 문학과 한국문학의 관계에 관심이 생겼고 더 탐구해 보고 싶어졌습니다.

우리나라는 유난히 아픈 역사를 지닌 나라입니다. 일제 강점기, 전쟁, 강제 이주 등을 거치며 전 세계로 분산된 한민족은 낯선 이민국에서 자신들만의 색채가 담긴 문학을 써 내려왔습니다. 이창래의 '영원한 이방인', 홍세화의 '나는 빠리의 택시 운전사', 김사량의 '빛 속으로', 가네시로 가즈키의 'Fly daddy fly', 'GO'등 다양한 이산문학을 읽으면서 이들만이 가지고 있는 '타자'로서의 가치관과 토속적이면서도 이국적인 정서에 흥미를 느꼈고, 어느 범위까지가 디아스포라문학일지 생각해보았습니다.

또한 세계화가 진행되어 앞으로도 이와 같은 과도기적 문학이 확산되면 국문학의 경계는 점점 모호해질 것이고, 그렇다면 이러한 상황에서 국문학이 취해야 할 적절한 입장은 무엇일까 고민하였습니다.

먼저 우리나라와 비슷한 중국의 경우는 어떠한 지 조사하였습니다. 왕더웨이 교수의 '화어계문학: 주변적 상상과 횡단적 구축'이란 논문과 김혜준의 '화인화문문학을 위한 시론'을 전자 국회도서관에서 읽으며 한국의 상황에 대입시켜 생각해 보았습니다. 한국 개그계가 샘 해밍턴 씨와 같은 분들을 포용하여 다양한 장르를 소화해내는 동시에 한국인 개그맨이 위축되지 않도록 더 장려하는 것처럼, 국문학도 디아스포라라는 장르를 인정하고 포용하여 다양성과 독창성을 추구해 궁극적으로 전 세계에 흩어져있는 우리민족의 소통을 이루어내고 싶다는 생각이 들었습니다.

이러한 저의 의견을 '디아스포라, 세계화의 한 단면'이란 제목의 보고서로 정리해 지식 나눔 동아리에서 발표하여 디아스포라 문학의 가능성과 발전방향을 의논하였습니다. 또한, 동아리 친구들과 역사의 산물인 디아스포라 문학을 역사적 사건과 연관시켜 조사하기도 했습니다. 어떤 시대에 무슨 이유로 민족이 분산되었는지, 그 영향을 받아 각 나라별 디아스포라 문학이 어떤 특성을 가지고 있는지 조사하면서 국문학에 대한 전문적인 공부를 바탕으로 디아스포라 문학에 대해 더 연구해보고 싶어졌습니다. 그리고 후에 중앙아시아나 간도 쪽에도 국내 출판의 눈길을 돌려 훌륭한 문학들을 발굴하고 사라져 가는 이산문학을 장려하고 싶다는 꿈이 생겼습니다. 이런 제 꿈을 이루기 위해선 국문학뿐만 아니라 세계 문화를 접할 수 있는 환경에서 공부하는 것이 중요하다고 생각했습니다. 그렇기에 학번마다 유학생 비율이 30%나 되어 외국인들과 자연스럽게 접할 수 있고, 언어교환프로그램을 통해 외국 문화와 세계적인 감각을 키울 수 있는 중앙대학교에서 공부하고 싶습니다.

POINT 외국인 노동자에 대한 어린 시절의 경험이 자연스럽게 미래의 연구분야인 디아스포라 문학으로 이어지고 있다. 나아가 디아스포라 문학과 관련하여 지원자가 중앙대에서 공부해야 할 당위성을 지원 대학에 대한 자료조사(유학생 비율)를 근거로 설득력 있게 주장하고 있다.

1. 고등학교 재학기간 중 학업에 기울인 노력과 학습 경험에 대해, 배우고 느낀 점을 중심으로 기술해 주시기 바랍니다. (1,000자 이내)

"계획 없는 목표는 한낱 꿈일 뿐이다." 이 구절은 플래너를 쓰면서 갖게 된 신조입니다. 저는 1학년 2학기부터 선생님의 권유로 플래너를 사용하기 시작하면서 계획의 중요성을 깨닫고 지금까지 계속 쓰고 있습니다. 처음엔 방법을 몰라서 계획 짜기에 대한 칼럼들을 찾아봤는데, 모든 글의 공통점은 '최대한 자세하게 세워라'였습니다. 그래서 전 일일 계획부터 연간 계획까지 모든 계획을 자세하게 세우고 하나씩 실천했습니다. 플래너를 통해서 학습량과 진도를 정확하게 파악하고, 더 보충해야 할 취약한 과목은 무엇인지 알아내면서 보다 명확한 목표를 갖고 공부할 수 있었습니다. 그 결과 2학년 1학기 때 좋은 성적을 받을 수 있었습니다. 이를 통해 목표를 이루기 위해서는 구체적인 계획이 뒷받침되어야 한다는 것을 깨달으면서 계획성을 몸에 익혔고, 매일 계획을 세우고 실천하면서 얻은 꼼꼼함과 성실함은 동아리 활동 일지를 쓰는 데 많은 도움이 되었습니다.

2학년 때 세계사를 직접 만든 연도표와 함께 공부했습니다. 처음엔 세계사가 무역인이 되는데 근간이 될 거라고 생각하여 흥미를 갖고 수업에 참여했지만 점차 내용이 복잡해져 재미가 떨어졌습니다. 이대로 포기하기 싫었던 저는 복잡한 세계사를 재미있게 공부할 수 있는 방법을 모색했습니다. 고민 끝에 전 직접 역사 연도표를 만들기로 결정했습니다. 교과서를 참고하며 연도표를 만든 후 단원마다 내용을 관통하는 핵심 키워드를 빈칸에 적고 나서 키워드를 보며 마인드맵을 떠올려 암기하였습니다. 처음으로 스스로 생각한 공부법이었기에 부족한 점이 많았지만 끈기를 갖고 포기하지 않으며 계속 이 방법을 고수했습니다. 그 결과 세계사 교과 우수상을 받았고, 전 제 자신에 대한 확신과 성취감을 얻었습니다. 또한, 앞으로 제가 국제

무역을 하며 상대할 세계 여러 나라의 문화와 그 배경에 대해서 조금이나마 알게 되었다는 뿌듯함을 느꼈고, "노력한 대로 돌아온다."라는 어머님의 평소 말씀을 그때야 깨달으면서 호기심과 도전 정신은 저를 발전시킨다는 걸 알았습니다.

POINT 두 번째 에피소드에서 세계사 학습경험을 어떻게 지원 학과와 연결시켰는지 눈여겨보자. 학과연관성은 절대로 처음부터 먹기 좋게 주어지지 않는다. 키워드를 매개로 해서 본인이 적극적으로 찾아야 한다.

2. 고등학교 재학기간 중 본인이 의미를 두고 노력했던 교내 활동을 배우고 느낀 점을 중심으로 3개 이내로 기술해 주시기 바랍니다. (1,500자 이내)

중학교 시절 '대항해시대'라는 무역을 하는 게임을 즐겨 했습니다. 더 많은 이익을 내려면 제가 살 물건은 어디서 싸게 팔리는지, 그 물건은 어디서 비싸게 받는지 등의 정보를 여러 통로를 통해 메모하고 공부하면서 '무역'하는 재미를 처음 느꼈습니다. 그러다 무역에 관심이 생겼고, 고등학교에 올라와 진로를 탐구하던 중 국내 중소기업이 해외 진출을 할 수 있도록 징검다리가 되고 싶다는 꿈이 생겼습니다. 그래서 2학년 때 세계 흐름을 읽는 안목을 키우기 위해 국제 정세에 대한 시사문제로 토의하는 국제리더십 동아리 'WAGL'을 친구들과 함께 만들었습니다. 동아리 초기에 친구들과 서로의 관심사를 토의하는 활동은 즐겁기도 했지만 불편하기도 했습니다. 왜냐면 어릴 때부터 남 앞에서 발표하는 것이 두려웠기 때문입니다. 이로 인해 초등학교 때 놀림을 받기도 했고, 남들에게 주목받는 것이 부끄러워 눈물을 흘리기까지 할 정도였으니까요. 하지만 WAGL에서의 모둠발표 활동을 통해 발표 공포증을 극복할 수 있었습니다. 저는 부원들에게 선배로서, 동급생으로서 당당한 모습을 보여주고 싶었기 때문에 철저한 준비로 발표에 대한 두려움을 줄이려고 했습니다. '통화스와프 협정'을 발표 주제로 정했을 때 그에 관한 전문적인 자료를 얻기 위해 글로벌윈도우와 한국무역협회 등 다양한 사이트에서 사례를 찾아보았고, 발표 전까지 계속 거울을 보며 이미지 트레이닝을 하였습니다. 발표 당시 부원들에게 자신감 있는 모습을 보여주려고 최선을 다했습니다. 발표가 끝난 뒤 부원들에게 그렇게 열정적인 모습은 처음 봤다며 칭찬을 받았는데, 그때 전 제가 남들의 시선에 대한 두려움을 이겨냈다는 것을 깨닫고 희열을 느꼈습니다. 전 오히려 제가 무서워하는 것에 도전하면서 약점을 이겨내는 극복 정신뿐만 아니라 남들 앞에서 당당히 설줄 아는 자신감을 얻었습니다.

친구들과의 추억을 만들기 위해 교내 시 낭송회에 참가했는데, 동아리 활동을 통해 배운 자신감이 여기에서 발휘되기도 했습니다. 다른 친구들은 시 낭송회라고 하면 분위기를 잡으며 시를 읽는 것으로만 생각했지만 팀원들과 저는 단지 읽기만 하는 낭송은 식상할 것 같다고 판단하여 남들과는 다르되, 관객들에게 의미를 주는 방법을 원했습니다. 그래서 저는 시 낭송에 퍼포먼스를 접목해보는 것은 어떠냐고 제안했습니다. 이에 친구들은 색다를 것 같다며 회의 후에 아예 '연극'을 하는 걸로 입을 모았습니다. 연극은 관객과 소통하고, 발표를 위해 선정한 시를 한 편의 스토리로 보여주기에 적합한 방법이었습니다. 그러나 몇몇 다른 팀들은 저희가 시도하려는 방법이 도박이라며 방해하기도 했습니다. 그럼에도 저희는 꿋꿋이 무대 동선, 대사, 동작 하나하나 모든 것을 신경 써가며 시간이 날 때마다 연습을 해나갔습니다. 그 결실로 두 번의 참가에서 높은 성적을 놓치지 않았고, 심사위원 선생님들께 창의적이었다는 평을 받았습니다. 저는 시 낭송회를 통해 남들이 시도하지 않은 틈새시장을 찾아내는 것의 중요함뿐만 아니라 일단 옳다고 생각하면 밀고나가는 추진력과 도전정신을 배웠습니다.

POINT ▶ 두 번째 에피소드의 시낭송회는 지원 학과(국제통상)와 거리가 멀어 보인다. 하지만 이 학생은 '창의력', '추진력', '도전정신'이라는 키워드를 매개로 시낭송회를 지원 학과인 국제통상학부와 연결시키고 있다. 얼마나 적절한 키워드를 선택했는지에 따라 이러한 연결이 자연스럽기도 하고 억지스럽기도 하다.

3. 학교 생활 중 배려, 나눔, 협력, 갈등 관리 등을 실천한 사례를 들고, 그 과정을 통해 배우고 느낀 점을 기술해 주시기 바랍니다. (1,000자 이내)

저의 비교우위는 협력정신이라고 생각합니다. 어려서부터 어머니와 홀로 살아온 저는 경제를 책임져야 하는 바쁘신 어머니로 인해 밤늦은 시간까지 혼자 있는 시간이 많았고 그러다 보니 친구들과 함께 하는 시간이 늘 즐거웠습니다. 그래서 축구부나 야구부에 들어가 단체 활동을 즐겼고, 고등학교에 올라와서도 이러한 활동을 즐기는 한편 친구들과 어울려 각종 대회에 팀을 이뤄 참여했습니다. 그러다 보니 자연스럽게 협력하는 자세가 몸에 밴 것 같습니다.

학교에서 여러 UCC대회가 있다는 것을 알게 된 후 저는 제 장점을 살려 보기로 했습니다. 촬영이나 연기 등 여러 장점을 가지고 있는 친구들과 기획과 편집에서의 저의 장점을 결합한다면 분명 극대화된 효과가 발휘될 것이라고 기대했기 때문입니다. 그중 안전사고예방 공모전은 UCC 제작 활동 중 최고의 경험이었습니다. 영상편집에 자신감이 있었던 저는 처음 접하는 분야지만 한 번 시도해보자고 친구들에게 제안했습니다. 저는 역할을 분담하고 자신의 역할에만 충실하면 작업 속도를 높일 수는 있지만, 그 역할을 맡은 사람이 문제를 해결하지 못했을 때 팀 전체에 역효과가 발생할거라고 판단했습니다. 그래서 역할을 연기, 촬영, 편집으로 나누면서도 모든 과정에서 의견을 교환하기로 하였습니다. 먼저 팀원 모두가 아이디어 회의에 참여했고, 서로의 단점을 보충했습니다. 늘 다 같이 다니며 공모전에 대한 얘기를 하다 보니 '다음 안전사고 피해자는 네 차례다.'라는 참신한 소재로 결정할 수 있었습니다.

한편, 편집과정에선 저는 자신감이 있었지만 팀원들의 사소한 조언까지도 수용하면서 제가 느끼지 못 했던 장면 구성의 어색한 점, 수정할 필요가 있는 영상효과 등을 찾아냈고, 회의를 통해 자막, 크레딧에 대한 의견까지 적극적으로 주고받으며 만족스러운 결과물을 만들었습니다. 이 경험으로 인해 저는 자신의 역할에 충실하면서도 유기적으로 협력해 나간다면 개인의 능력을 뛰어넘는 아이디어와 능력이 발휘되고, 이를 통해 조직도 더 크게 발전할 수 있다는 것을 느꼈습니다.

POINT ▶ '비교우위'라는 학과전문용어를 활용하여 자신의 장점을 어필하고 있다. UCC 제작 활동도 결과, 수상실적 위주가 아니라 구체적인 문제해결과정 위주로 배우고 느낀 점이 잘 드러나 있다.

4. 동국대학교에 지원하게 된 동기와 대학 입학 후 학업계획 및 향후 진로 계획에 대해 기술하세요. (1,000자 이내)

무역인이라면 KOTRA에서 일하는 것을 한 번쯤 꿈꾸어 보았을 것입니다. 저 또한 무역인이 되어 KOTRA에서 일하고 싶습니다. 저는 여러 매체를 통해 국내 기업들이 해외시장에 관한 정보나 무역관련 정책, 국제무역의 규범에 대해 잘 알지 못 해서 실패를 겪는 경우가 많다는 것을 알게 되었습니다. 많은 경쟁력을 갖춘 기업들이 더 성장하지 못하는 것이 안타까웠습니다. 그래서 전 KOTRA에서 해외시장의 정보수집과 효율적인 수출전략, 효과적인 마케팅 등을 연구하여 국내 중소기업이 해외에 진출하여 글로벌 기업으로 성장하는 데 징검다리가 되고 싶습니다. 우리 기업이 성장해야 국가도 함께 발전하기 때문에 그러한 일에 제 능력을 발휘하고 싶습니다.

저는 현실의 여러 장애에도 무너지지 않는 징검다리가 되기 위해 국제통상학을 전공으로 선택한 후 수출전략, 해외시장의 구조, 마케팅 등 현장실무에서 기초가 되는 지식을 습득하기 위해 노력할 것입니다. 학교 수업뿐만 아니라 한국무역협회, 국제무역 전시회 등 다양한 포럼을 통해서 해외시장의 정보를 모으고 어떻게 접근할 것인지에 대해 생각하며 사고의 폭을 넓히겠습니다. 또한 무역인에게 필수인 외국어 능력을 갖추기 위해 영어 회화 연구회 'MECS'에 가입하여 영어 회화 실력을 갖추는 한편 '동국벗'을 통해 외국인 친구들과 서로의 문화를 배우면서 의사소통능력뿐만 아니라 더 넓고 다양한 문화 지식을 키우겠습니다.

교수님들께서는 살아가시는 이유가 무엇이십니까? 제가 살아가는 이유는 동국대학교에 지원하는 이유와 같습니다. 바로 꿈을 이루기 위해서입니다. 동국대는 국제교류프로그램이 잘 마련되어 있어 국제화가 전국 상위권에 속할 뿐만 아니라 백 년 이상의 역사를 자랑하기 때문에 그만큼 비전이 있다고 판단하였습니다. 달마대사는 깨달음을 위해 9년 동안 벽을 바라보는 의지를 보이셨습니다. 동국대에 입학하면 저도 국내 기업이 글로벌 기업으로, 대한민국이 수출 강국으로 성장하는 데 굳건한 징검다리가 되기 위한 열정과 결연한 의지를 보여드리겠습니다.

POINT 마지막 단락에서 문답법을 활용한 당돌한 질문이 깊은 인상을 남긴다. 다소 치기어리긴 하지만 학생 특유의 넘치는 포부와 에너지가 긍정적으로 느껴진다.

1. 고등학교 재학 기간 중 학업과 학습경험에 대해 느낀 점을 중심으로 서술하세요. (1,000자 이내)

〈Interest가 만들어낸 Best〉

고등학교에 와서 주변에서 흔히 볼 수 있는 현상들이 물리와 연관되어 있다는 것을 알게 되었습니다. 자동차의 에어백, 빙판 위 스케이트 등 생각보다 물리는 우리 생활 속에 많이 녹아있었습니다. 평소 모형 비행기를 좋아하는 저는 비행기가 하늘을 나는 원리도 물리와 관련되어 있지 않을까 하는 생각을 가지게 되었습니다. 궁금증을 안고 인터넷을 찾아보니 비행기는 양력이라는 힘에 인해 하늘을 나는 것이었고 양력은 베르누이 법칙이라는 물리현상과 연관되어 있었습니다. 복잡해 보이는 세상도 알고 보니 단순한 법칙으로 움직인다는 것을 깨닫자 물리공부에 흥미가 생기기 시작했고 이러한 흥미는 저에게 공부의 윤활유 같은 역할을 해주었습니다. 어떻게 보면 지루할 수도 있는 과목이었지만 물리를 배우면서 주변을 바라보는 시각이 달라지는 것을 느껴 저는 즐겁게 공부할 수 있었습니다. 이런 물리에 대한 관심과 흥미는 교내 경시대회에서 좋은 결과로 나타나 주었고, 학교 물리대표로 선정되는 기쁨도 안게 해주었습니다. 남에 의해서 하는 공부가 아닌 나의 의지로 하는 능동적인 공부가 학습효과를 많이 향상 시켜준다는 것을 깨닫고 배움에 대한 즐거움도 느끼게 해주었습니다.

저는 중학교 때부터 수학을 가장 좋아했습니다. 뛰어나게 잘하지는 않았지만 어려운 문제를 풀고 난 후에 성취감을 잊을 수 없었기 때문입니다. 그래서 저는 3년간 수학 부장활동을 하며 매일 친구들에게 문제를 풀어주곤 했습니다. 부장활동을 하기 전에는 공부는 나 자신을 위해 하는 것이라고 생각했습니다. 하지만 아침수학을 통해 저의 부족한 점을 깨닫기도 했지만, 설명을 듣고 이해하고 질문하는 친구들을 보며 더 열심히 잘 가르치고 싶다는 생각에 수학 공부에 힘을 쏟으며 남을 위한 공부의 즐거움을 깨달았습니다. 학교 심화반 수업을 통해서 고난이도 문제에 접근하며 수학적 능력을 기르고 개인적으로 국립가천과학관 이공계 수업을 신청해 수학에 대한 전문 지식을 넓혀나갔습니다. 공식과 문제풀이가 아닌 수학의 기원과 확률과 적분 등 수학의 쓰임을 배울 수 있었고 수학을 바라보는 더 넓은 시야를 가지게 되었습니다. 이러한 노력으로 수학에 자신감도 많이 얻을 수 있었고 수학이라는 과목에 있어서는 뛰어난 암기력과 타고난 두뇌보다는 열정과 끈기가 중요하다는 것을 직접 느끼게 되었습니다.

POINT 센스 있는 소제목을 통해 학업에 대한 지적호기심을 드러내고 있다. 학습경험도 지원 학과와 밀접하게 관련된다.

2. 고등학교 재학기간 중 교내 활동을 배우고 느낀 점을 중심으로 3개 이내로 기술해 주시기 바랍니다. (1,500자 이내)

〈지구를 식혀라〉

2학년 때, 학생회 연간 사업으로 각 부서의 소식지를 매달 발간하기로 하였습니다. 미화부 차장이었던 저는 지구온난화의 심각성을 일깨우고 쉽게 실천할 수 있는 온난화 예방 습관을 소식지에 담기로 하였습니다. 소식지가 재미없다면 친구들이 관심을 가져주지 않을 것이라 생각해 인기 프로그램에서 다룬 지구 온난화에 관한 방송분과 북극곰이 삶의 터전을 잃어가는 모습이 담긴 만화 등 흥미로우면서도 온난화의 심각성을 환기시키는 소식지를 만들었습니다. 또한 우리가 학교에서 할 수 있는 지구온난화 예방 습관과 화분 기르기를 장려했습니다. 처음엔 온난화 예방 습관을 실천하는 친구들이 눈에 보이기 시작했고, 나중엔 화분을 단체로 구입한 반도 생겨났습니다. 그 전엔 지구온난화를 어렵게만 생각했었는데, 친구들이 변화하는 모습을 보고 우리의 작은 노력이 모여 큰 힘이 되면 지구온난화를 막을 수 있다는 것을 직접 느끼게 되었습니다. 앞으로도 지구온난화 이외에도 환경 문제를 여러 사람들에게 환기시키고 자연과 인간이 공존할 수 있게 하는 에코엔지니어가 되고 싶습니다.

〈티백? T-100!〉

매년 학교에서 연간 행사로 발명품 경진대회가 열렸습니다. 창의적 사고에 익숙하지 않아서인지 저에게 발명품을 만들어내는 것은 힘든 일이었고 좋은 아이디어를 생각해내면 이미 존재하는 발명품들이었습니다. 하지만 '발명은 실패에서 나오고 성공은 발명 전략에서 나온다.'는 말을 보고 송도에서 열린 과학대제전에 가서 다른 사람들이 만든 발명품을 관람하고 주변의 사소한 불편함도 지나치지 않으려고 노력하며 저만의 전략으로 발명을 포기하지 않았습니다. 결국 3학년 때, 차의 티백과 물의 접촉면적을 조절할 수 있는 장치를 부착해 개인의 기호에 알맞게 차를 즐길 수 있는 발명품 'T-100'을 개발했고, 수상의 기쁨을 안게 되었습니다. 발명이란 과학자들이 할 수 있는 어려운 것이라고 생각했었는데 생각의 전환과 사물에 대한 관심만 있다면 누구나 발명품을 만들 수 있다는 것을 깨달았습니다. 앞으로도 주변사물을 관심 있게 관찰하고 창의적인 사고를 통해 다양한 도전을 할 것입니다.

〈에코 피라미드〉

매년 과학부 부서별로 다양한 실험을 하는 캠프에 참가하게 되었습니다. 그 중 '심볼 만들기'라는 부서를 상징하는 심볼을 만드는 종목이 있습니다. 그동안 DNA 이중나선구조의 모양을 제작했었는데 이번년도엔 색다르게 만들고 싶다는 생각에 생물, 생태계하면 가장 떠오르는 먹이 피라미드를 만들게 되었습니다. 생태계의 중요성을 친구들에게 알리자는 취지로 도화지에 생태계의 모습을 그리고 도화지를 실로 연결해 단돈 이천 원으로 책가방만한 먹이피라미드를 완성시켰습니다. 먹이피라미드의 가장 상위층엔 인간이 존재합니다. 하지만 인간도 자연의 일부일 뿐이고 자연과 인간은 함께하는 것이지 자연을 이용해선 안 된다는 것을 알리고 지속가능한 발전과 인간과 유리된 기술발전에 대한 경계의 필요성을 환기시켰습니다. 기존과 다른 심볼에 선생님들께서는 긍정적 평가를 내려주셨고 저도 생태계의 구조, 시스템이 얼마나 소중하고 지켜하는 것들인지에 대해 깨달았습니다.

POINT 3가지 에피소드가 모두 '환경'과 '엔지니어링'을 중심으로 통일성을 이루고 있다. 자소서는 여러분의 고교시절에 대한 일종의 대유법이다. 부분을 통해 전체를 알 수 있게 써야 한다. 예를 들어 미화부 활동을 했다면 미화부에서 했던 모든 일을 다 쓸 필요는 없다. 미화부 활동을 대표할 수 있는 가장 인상적인 에피소드(지구온난화 관련 소식지)를 하나만 선정하는 것이 훨씬 효과적이다.

3. 고등학교 생활 중 배려, 나눔, 협력, 갈등 관리 등을 실천한 사례를 들고 느낀 점을 서술하세요. (1,000자 이내)

고1 겨울방학 때, 가평 꽃동네로 봉사활동을 가게 되었습니다. 그동안 교육봉사를 다녔던 저는 몸이 불편하신 분들을 위해 땀 흘리고 싶다는 생각에 다녀오게 되었습니다. 봉사 중, 꽃동네 가족분들은 개인적인 상처를 안고 계시는 분들이 많아 봉사자들에게 마음을 잘 여시지 않는다는 이야기를 듣게 되었습니다. 제가 할 수 있는 건 진심을 담아 일하는 것이라고 생각해 식사 때 음식을 직접 덜어드리고, 혼자 식사하기 불편하신 가족분의 손이 되어 먹여드리기도 하며 어떤 음식을 좋아하시는지, 오늘 밤은 어떤지 등 일상적인 대화를 나누며 다가갔습니다. 누군가에게 음식을 동아리 활동 중, 임연수어 박제라는 장기실험을 하게 되었습니다. 그러다 저와 같은 조였던 언니가 갑자기 기브스를 하게 되어 실험에 참여할 수 없게 되었습니다. 언니가 빠지게 되면 일손도 부족해지고 그동안 함께 해왔는데 그만두어야 한다는 것에 조원들 모두 아쉬워했습니다. 그전까지는 부상같은 불가피한 상황이 찾아오면 안타깝지만 중도 포기를 해야 한다고 생각했지만 이번만큼은 끝까지 함께하고 싶다는 생각에 제가 언니의 한쪽 팔 역할을 하기로 결정했습니다. 임연수어 내장을 제거하는 과정에서 비늘에 구멍이 나면 안 되기 때문에 칼 사용이 더욱 조심스러웠지만 언니와 호흡을 맞춰 진행해나갔습니다. 실험 후, 언니가 네가 아니면 못했을 것이라고 말을 해주었을 때 저의 작은 배려로 다른 사람이 기쁠 수 있다는 것에 행복했습니다. 모두가 도와 힘을 합친다면 부상과 같은 일쯤은 아무것도 아니라는 것을 깨닫고 어떤 일에도 포기하지 않고 주변 사람들과 힘을 합쳐 역경을 헤쳐나갈 자신감을 얻게 되었습니다. 또한 도움이 필요한 사람들을 외면하지 않고 함께 일하는 사람이 되기로 하였습니다.

POINT '임연수어 박제'라는 독특한 에피소드가 눈에 띈다. 이처럼 '봉사활동'과 '학생회활동'이라는 고정된 틀을 벗어나 조금만 넓게 생각해 보면 공통문항 3번에 쓸 수 있는 에피소드는 얼마든지 있다.

4. 전공지원동기와 고등학교 재학 기간 중 지원 분야의 진로탐색을 위해 도전한 경험에 대해 기술해 주시기 바랍니다. (1,000자 이내)

7살 때, 아버지께서 밸브 제작에 참여하신 ksr-3 액체로켓 발사를 직접 보게 되었습니다. 카운트다운과 함께 엔진에서 엄청난 불길이 뿜어져 나와 지켜보던 모든 사람들의 긴장이 극에 달하는 순간 로켓은 발사대를 떠나 하늘로 올라갔고 점이 되어

2013 인천시민의 과학 나들이 행사를 통해 기계 공학뿐만 아니라 다양한 공학 분야 전공 교수님들의 특강을 들으러 다녔습니다. 학교 진로 아카데미에서는 나로호 발사에 참여하시고 우리학교 졸업생이신 임석희 연구원님을 만나 뵙고 나로호에 대해 자세히 배우고, 진로에 대한 이야기도 나눌 수 있었습니다. 또한 인터넷으로 여러 엔지니어분들을 찾아보다 데니스 홍 로봇 공학자님의 다큐멘터리 방송을 보게 되었습니다. 그는 기존의 로봇의 틀을 깨 새로운 로봇을 만들기를 추구했으며 이는 사람의 생명을 구하는 로봇 사파이어나, 공사장의 인부들을 지켜주는 로봇 하이드라스를 만들게 하였습니다. 로봇이라하면 춤추거나 축구하는 휴머노이드 로봇만 알고 있던 저에게 이는 로봇에 대한 새로운 생각을 심어주었으며 저도 사람들을 지켜주고 행복하게 해주는 로봇을 만들고 싶다는 생각을 가지게 되었습니다. 그 후에는 부천 로봇파크 견학도 다녀오고 경희대학교에서 실시한 로봇프로그램 교실에 참여하는 등 꿈을 향해 적극적으로 나아갔습니다.

'매트릭스'같은 많은 공상과학 영화에서 기계는 인류의 적으로 묘사됩니다. 하지만 저는 기계야말로 인간을 위해 봉사하는 인간의 친구라고 생각합니다. 임용택 한국 기계연구원 원장님께서는 "기계는 모든 산업의 기반"이라고 하셨습니다. 현재 우리가 누리고 있는 자동차, 배, 공장생산기계 등 기계공학이 개입되지 않은 분야는 없습니다. 저는 아버지가 남겨주신 밸브를 이어받아 차가운 기계에 감성의 숨결을 불어넣고 싶습니다. 그래서 기계화된 인간이 아니라 인간화된 기계를 만드는 엔지니어가 되어 세상을 움직이는 엔진이 되고 싶습니다.

POINT ▶ '밸브'라는 상징물이 서론과 결론에서 수미상관으로 호응하면서 글 전체에 통일성을 부여한다. 또 마지막 단락에 '영화 매트릭스'나 '임용택 한국기계연구원 원장 인터뷰' 같은 소재들을 활용하여 지원 학과에 대한 자신의 열정을 드러내고 있다. 이러한 참신한 소재들은 물론 치밀하게 작성된 워크시트에서 나온 것이다.(지원 학과와 관련된 영화/드라마, 유명인물)

1. 고등학교 재학기간 중 학업에 기울인 노력과 학습 경험에 대해, 배우고 느낀 점을 중심으로 기술해 주시기 바랍니다. (1,000자 이내)

저는 무언가를 창작하는 것과 게임을 정말 좋아합니다. 직접 게임을 만들어보고 싶어서 어린 나이에 게임 제작의 길에 도전했고, 그 매력에 빠지게 되었습니다. 열정 하나만 가지고 인터넷으로 플래시게임 제작을 독학하면서 남들이 만들지 않은 참신한 게임들을 제작했고, 친구들이 게임을 재밌어할 때마다 마치 내 인생의 길을 찾은 듯한 기쁨을 느꼈습니다. 고2 때 일주일에 한 번은 담임선생님께서 야간자율학습을 뺄 수 있게 허락해 주신 적이 있습니다. 그 이유는 중학교 때까지는 좋아하는 게임 제작법을 배우고 개발하는 시간적 여유가 있었는데 고등학교에 들어와서는 그럴 시간이 부족해서 자기계발을 할 수 있는 시간을 마련해 달라는 저의 진솔한 의견을 받아주신 것입니다. 덕분에 그 시간을 소중하게 게임 제작에 씀으로써 고등학교에 다니면서도 좋아하는 게임 개발 실력을 꾸준히 쌓을 수 있었습니다. 결국 게임기획자라는 목표를 확정하게 되었고, 목표가 생긴 이후로 그것을 이루기 위해 전보다 더욱더 학업에 노력하면서 성적의 결과 또한 크게 좋아졌습니다.

코딩은 대부분 함수와 같은 수학적인 개념을 사용하는 것 덕분에 학교에서 새로운 수학 개념을 배울 때마다 친근하게 다가갈 수 있었습니다. 또 게임을 코딩하면서 변수와 조건을 설정하여 알고리즘을 구성하는 과정에서 기른 수학적 사고가 공부에 큰 도움이 되어 공부를 열심히 한 결과, 상위권의 수학 성적을 유지할 수 있었습니다. 이러한 경험을 통해 정말로 자신이 좋아하고 계속하고 싶어 하는 것을 목표로 정하게 된다면 그 꿈을 이루기 위해 진정으로 노력을 하게 된다는 것을 알게 되었습니다. 그리고 야간 자율학습을 하루 빼고 게임 공부를 한다는 것은 자칫 조급하게 학교 공부만 보고 판단한다면 남들에게 뒤처질 수 있다고 생각될 수 있습니다.

하지만 미래를 위해 과감하고 열정적인 도전을 해야만 발전할 수 있고, 성장할 수 있다는 것을 깨닫게 되었습니다. 앞으로도 그러한 능동적인 자세를 가지고 제가 좋아하는 분야에 대해 끝없이 도전할 것입니다.

POINT 이 학생은 모의고사 평균 6등급대의 성적으로 건국대를 비롯한 총 4개의 인서울 상위권 대학에 합격했다. 그 비결은 지원 학과와 관련된 일관성 있는 활동과 자소서 전반에 드러나는 지원 학과에 대한 넘치는 열정에 있다. 게임개발을 통해 기른 논리적 사고로 수학을 공부한 학습경험을 이야기한 두 번째 에피소드는 공부는 안하고 게임개발만 했을 거라는 오해를 풀어준다. 이처럼 첫 번째 단락에서 과감한 에피소드로 깊은 인상을 남기고 두 번째 단락에서 안전한 에피소드로 그것을 보완해주는 것도 좋은 전략이다.

2. 고등학교 재학기간 중 본인이 의미를 두고 노력했던 교내 활동을 배우고 느낀 점을 중심으로 3개 이내로 기술해주시기 바랍니다. 다만, 교외 활동 중 학교장의 허락을 받고 참여한 활동은 포함됩니다. (1,500자 이내)

직접 만든 게임을 사람들에게 보여주고 싶고 평가도 받아보고 싶어서 중학교 때부터 개인 블로그를 개설하여 현재까지도 많은 게임들을 제작하여 올리고 있습니다. 이를 통해 대중들에게 호평과 비평을 받을수록 발전한다는 것을 깨닫게 되었고 이것을 토대로 게임 개발 실력을 향상시킬 수 있었습니다. 이렇게 블로그에 올린 게임들 덕분에 진로에 대해 얼마나 노력했는지 결과물을 평가하는 교내 포트폴리오 경진대회를 정말 의미 있게 참가하였습니다. 수상한 상장이나 성적향상기록들로 꽉 채워서 낸 다른 학생들과 달리 저는 직접 제작해서 블로그에 올린 게임을 중심으로 제출을 했었는데 그것이 진로에 관련된 노력으로 높게 평가되어 수상으로 이어졌습니다. 이 대회를 통해 저의 특기가 인정을 받았다는 믿음이 생기게 되어 이 꿈을 확실히 저의 목표로 삼을 수 있는 자신감을 얻는 의미 있는 대회였습니다.

스마트폰 게임에도 큰 흥미를 가지게 되어 만들고 싶은 게 생기면 도전해보는 성격 덕분에 스마트폰 게임 개발도 독학으로 터득하였습니다. 이 기술을 교내에서 보여줄 수 있는 대회를 찾아보다 함께 주제를 정해서 탐구하는 교내 '팀 프로젝트 경진대회'에서 팀원을 모아 참가한 적이 있습니다. 저는 조장이 되어 스마트폰의 중력가속센서를 탐구해보자고 의견을 내었습니다. 하지만 다소 어려운 주제로 조원들이 자료를 찾는데 많이 힘들어했었지만 그 과정을 통해 함께 생각해 나가면서 협력하는 것은 혼자서 하는 것보다 더 큰 힘을 낼 수 있다는 것을 깨달았습니다. 그리고 중력가속센서를 이용한 학습용 행성탐사 게임 어플을 제작한 것을 결과물로 제출하여 스마트폰의 중력가속센서는 단순한 게임만 아니라 교육적인 면으로도 쓰일 수 있다는 독창성과 가능성을 보여주었습니다. 이를 통해서 한 범위에만 머물러 있지 않고 스마트폰 게임 개발과 같이 확장된 범위로 뻗어나가는 시도를 통해 게임 개발자로써 갖춰야 할 기술과 창의성을 기를 수 있었고, 스마트폰 게임 제작의 원리를 알게 되면서 게임을 분석하는 안목도 넓어졌습니다.

저의 특기를 이용하여 도움을 준 활동들이 있었는데 고2 축제 때 수학부를 도왔던 것입니다. 수학부에서는 축제 부스에서 간단한 활동을 통해 상품을 나누어 주는 것을 기획하고 있었고 그 상품들 중 하나인 수학공식을 쉽게 찾아볼 수 있는 어플을 구상하고 있었습니다. 교내에 어플을 제작할 수 있는 제가 섭외 되어 수학부와 함께 어떻게 어플을 제작할지 의논을 했습니다. 수학부에서는 단원별 중요한 공식을 직접 종이에 그려서 사진을 찍었고, 저는 그것을 받아 프로그램에 적용한 뒤 어플로 만드는 역할을 맡았습니다. 덕분에 수학부에서는 축제 부스를 성공적으로 운영할 수 있었고, 어플을 받은 학생들에게 수학공식을 찾는데 도움을 줄 수 있었습니다. 이 경험으로 어플 개발 능력을 더욱 향상시킬 수 있었고 저의 특기가 자신에게

만 쓰이는데 끝난 것이 아니라 남에게 도움까지 줄 수 있을 정도로 성장했다는 것을 느꼈을 때 정말 이 일이 나에게 맞는 일이라고 생각했고, 저의 꿈의 목표에 조금 가까워진 것을 느꼈습니다.

POINT 세 가지 에피소드가 모두 지원 학과와 밀접하게 연결된다. 이정도로 풍부한 에피소드가 나온다는 것은 말 그대로 자신의 고교시절을 통째로 게임개발에 바쳤다는 의미이다. 학생부종합전형은 바로 이런 열정과 끼를 갖춘 학생을 뽑기 위해 존재한다.

3. 학교생활 중 배려, 나눔, 협력, 갈등 관리 등을 실천한 사례를 들고, 그 과정을 통해 배우고 느낀 점을 기술해주시기 바랍니다. (1,000자 이내)

저만의 특기를 이용해 학급에 작은 보탬이 되고 싶어서 2년간 학급의 정보 도우미로 정보기기가 수업시간에 편리하게 쓰일 수 있도록 준비하는 일을 했습니다. 친구가 언제든 필요한 자료를 손쉽게 찾고, 선생님들께 발표 수업의 원활한 진행을 위해 정보기기 사용법을 알려드리며 불편한 것을 도와드렸습니다. 어느 날 쪽지시험 중 옆 반의 정보기기가 작동되지 않아 제게 부탁을 한 적이 있습니다. 당장 쪽지시험을 봐야 했었지만, 그 반 정보 도우미도 해결이 안 되어 어쩔 줄 몰라 하고 있었습니다. 쪽지시험은 잠시 시간을 늦출 수 있어서 저는 빠르게 고쳐 오겠다고 선생님께 양해를 구한 뒤 옆 반으로 갔고, 다행히 정보기기를 잘 고쳐서 쪽지시험과 옆 반의 수업 모두 잘 진행될 수 있었습니다. 맡은 역할에 대해서 항상 강한 책임감을 느끼며 봉사하다 보니 모두가 수업을 편하게 진행하는 모습을 통해 나의 특기를 잘 살려 적극적으로 돕게 된다면 많은 사람들을 편하게 할 수 있다는 것을 알았습니다.

고2 겨울방학에 고3 준비에 바쁜 시간을 보내고 있었습니다. 어느 날 방송부 부장인 친구가 졸업식 영상을 제작해야 하는데, 방송부에 동영상 편집을 할 줄 아는 사람이 없다고 제게 졸업 영상 편집을 부탁했습니다. 그때 공부가 생각대로 안 돼서 밀린 공부를 끝내야 하는 상황이었습니다. 그리고 제가 속한 동아리활동을 마무리 짓는 동영상도 제작해야 해서 부탁을 들어주기에 여유 있는 상황이 아니었습니다. 하지만, 고3 선배들의 마지막인 졸업식이고, 편집을 할 수 있는 사람이 없다고 하니까 내가 여기서 바쁘다고 거절하는 것보다는 조금만 시간을 내서 돕는 것이 옳은 일이라고 생각했습니다. 그래서 방송부원들과 함께 어떻게 졸업 영상을 만들지 기획을 한 뒤, 방송부원들은 연예인이나 선생님들의 축하 영상을 촬영했고, 저는 동영상 편집을 담당했습니다. 덕분에 고3 선배들의 졸업식을 잘 진행할 수 있게 되었고, 순간의 작은 희생과 배려를 실천하면 생각한 것보다 더욱 큰 도움을 줄 수 있다는 것을 배웠습니다.

POINT 공통문항 3번마저도 지원 학과와 직간접적으로 연관된다. 공통문항 1번에서 3번에 이르기까지 지원 학과에 대한 고도의 집중력이 돋보인다.

1. 고등학교 재학기간 중 학업에 기울인 노력과 학습 경험에 대해, 배우고 느낀 점을 중심으로 기술해 주시기 바랍니다. (1,000자 이내)

제 꿈은 국제기구 공무원입니다. 저는 꿈을 이루기 위해 항상 올바른 학습을 고민했고, 3년 동안의 멘토링을 통해 이러한 고민의 결실을 맺을 수 있었습니다.

우선, 영어 선생님과의 교사 멘토링을 통해 공부법의 중요성을 알게 되었습니다. 수능 영어 지문에 낯설어했던 저에게 선생님께서는 곧바로 답을 알려주시는 것이 아니라 스스로 문제를 풀어나갈 수 있도록 조금씩 이끌어주셨습니다. 그리고 선생님이 알려 주시는 공부 방법을 저에게 맞게 발전시켜 나갈 것을 강조하셨습니다. 그 결과 영어 지문의 패턴을 분석하는 저만의 영어 공부법을 정립해 나갈 수 있었고, 영어는 가장 자신 있는 과목이 되었습니다. 선생님의 코칭을 통해 스스로 고민하고 발전시켜 나간 공부법이 학습에 있어 큰 경쟁력을 갖게 해준다는 것을 몸소 체험할 수 있었습니다.

이러한 경험을 토대로 저는 또래 멘토링을 신청하였고, 더욱 겸손한 마음으로 친구들과 함께 공부에 임하게 되었습니다. 1학년 때 처음으로 또래 멘토링을 신청했을 때에는 멘티에게 무언가를 배울 것이라고는 생각지도 못했습니다. 하지만 2명의 멘티와 멘토링을 진행하면서 궁금증 해결에 적극적인 한 멘티에게는 집요함을, 항상 꾸준히 공부하는 다른 멘티에게서는 성실함을 배울 수 있었습니다. 저는 또래 멘토링을 통해 누구에게나 배울 점이 있다는 것을 새삼 느낄 수 있었습니다. 그리고 이를 계기로 끊임없이 부족한 점을 보완해 나가면서, 자신을 돌아보고 부족한 점을 채워나가기 위해 노력할 때 성장할 수 있음을 깨달았습니다. 또한 멘티들의 장점을 최대한 살릴 수 있도록 코칭을 해주면서 진정한 도움이란 도움을 받는 사람이 스스로 설 수 있도록 해주는 것임을 알게 되었고, 제가 갖고 있는 지식을 남에게 설명해 줄 때 더욱 기억에 오래 남고 스스로 부족한 점도 찾을 수 있다는 것을 깨달았습니다. 3년 동안의 멘토링은 제게 많은 것을 가르쳐 주었습니다. 저는 멘토링을 통해 깨달은 이러한 삶의 자세가 세계무대로의 도약을 꿈꾸는 제게 든든한 밑바탕이 되어줄 것이라고 생각합니다.

POINT ▶ "제 꿈은 국제기구 공무원입니다."라는 첫 문장으로 자신의 목표를 분명하게 설정했다. 그 뒤로 이어지는 학습경험은 그러한 목표를 달성하기 위한 과정임을 밝히고 있다.

2. 고등학교 재학기간 중 본인이 의미를 두고 노력했던 교내 활동을 배우고 느낀 점을 중심으로 3개 이내로 기술해 주시기 바랍니다. 단, 교외 활동 중 학교장의 허락을 받고 참여한 활동은 포함됩니다. (1,500자 이내)

고등학교 재학기간 중 가장 의미 있던 활동은 국제리더십동아리 활동과 영어동화 읽어주기 봉사입니다.

먼저, 국제리더십동아리 활동은 제게 리더의 중요성을 알게 해주었습니다. UN에 들어가겠다는 꿈이 생긴 뒤, 저는 제 꿈에 한발 더 다가서기 위해 국제리더십동아리를 만들기로 마음먹었습니다. 하지만 정식동아리로 활동을 시작하자, 부원들이 참여하지 않는 문제가 생겼습니다. 저희 동아리는 대부분의 활동이 토의와 토론 위주였기 때문에 부원들이 참여하지 않는 것은 커다란 문제였습니다. 열심히 하는 친구들 위주로 동아리를 운영할 수도 있었지만, 저는 친구들의 참여를 이끌어 내는데 더욱 주력했습니다. 우선, 기존의 토의방식을 그룹토의 방식으로 바꾸고 각 그룹에 조장을 배정한 다음, 서로 다른 주제로 토의를 진행하여 PPT를 이용해 발표하도록 했습니다. 부원 모두에게 일정한 역할이 정해지자, 동아리 활동에 다들 적극적으로 참여하게 되어 2년의 시간 동안 폭넓은 국제문제들에 대해 활발하게 토의를 할 수 있었고, 부원들 모두 지구촌에 더욱 관심을 갖게 되었습니다. 이러한 경험을 통해 부원들이 각자의 능력을 발휘하여 협력할 수 있는 기회를 제공하는 리더의 역할이 중요함을 배울 수 있었습니다.

둘째, 영어 동화 읽어주기 봉사를 통해 진정한 봉사의 의미를 알게 되었습니다. 2학년 때, 시립도서관의 '형님들이 읽어주는 영어동화'라는 프로그램을 알게 되었습니다. 평소에 아이들을 좋아했고, 영어에 자신이 있었던 저는 아이들에게 도움이 되는 봉사를 할 수 있을 것 같아 자원봉사자로 신청하였습니다. 수업을 하면서 저는 소심하여 수업에 잘 참여하지 못하는 아이들을 발견할 수 있었습니다. 그래서 매시간 칭찬의 말을 해주고 그 날 읽을 책을 직접 골라보라고 하며 더욱 관심을 갖고 살펴주었더니, 처음에는 교실 한쪽에서 지켜보기만 했던 아이들도 다른 친구들과 잘 어울리게 되었고 프로그램에도 적극적으로 참여하게 되었습니다. 저는 아이들이 성장하는 모습을 보면서 아이들의 어린 시절에 잊지 못할 추억을 만들어주었다는 것에 커다란 보람을 느꼈습니다. 그리고 제가 그 아이들이 커가는 데 도움이 된 것처럼 저 또한 수많은 사람의 격려 속에서 자라왔음을 깨달았습니다. 이를 통해 저는 '봉사'가 나의 것을 주는 것만이 아니라, 내가 '받은' 도움과 사랑을 다른 사람에게 베푸는 것이라는 사실을 깨달을 수 있었습니다. 제가 존경하는 인물 중 한 명인 넬슨 만델라는 남아공의 화합을 위해 '우분투'를 강조했습니다. '우분투'는 아프리카의 전통 사상 중 하나로 '네가 있기에 내가 있다.'라는 말입니다. 저는 영어 동화 읽어주기 봉사를 통해 '우분투'의 진리를 깨달았고, 이를 실천하는 삶을 살기로 다짐했습니다.

시시각각 급변하는 국제 사회에서 리더의 역할이 그 어느 때보다 중요해지고 있고, 범지구적 문제들은 지구촌 전체를 위협하고 있습니다. 이러한 상황에서 동아리 활동을 통해 배운 리더의 역할과 봉사활동을 통해 배운 '우분투' 정신은 훗날 글로벌 리더로 성장하는데 핵심적인 역량이 되어 줄 것이라고 생각합니다.

두괄식 첫 문장이 자소서의 전체 구조를 일목요연하게 보여주고 있다. 전반적으로 소재가 기발하거나 참신하지는 않지만 자소서 작성 원리에 따라 우직하게 자신의 장점을 어필하고 있다. 500자 에피소드 3개 구성에서 벗어난 서론-본론-결론의 3단 구성도 인상적이다. 3단 구성은 '에피소드 500자~750자로 블록화하기', '하나의 컨셉을 여러 단락으로 세분화하기'와 더불어 대표적인 자소서 내용전개방식이며 안정적인 느낌을 준다는 장점이 있다.

3. 학교 생활 중 배려, 나눔, 협력, 갈등 관리 등을 실천한 사례를 들고, 그 과정을 통해 배우고 느낀 점을 기술해 주시기 바랍니다. (1,000자 이내)

2학년 때 담임선생님께서는 반 전체의 성적 향상을 위해 자신이 공부하면서 만든 노트 정리를 공유하자고 말씀하셨습니다. 처음에 저는 굳이 제가 정리한 것을 친구들과 나눌 이유가 없다고 생각했습니다. 하지만 반에 공부를 하고 싶어도 어떻게 공부를 해야 할지 몰라 막막해 하는 친구들이 많다는 것을 알게 되었고, 저 또한 중학교 시절 그러한 경험이 있었기에 그 친구들이 얼마나 답답한 심정인지 이해가 됐습니다. 그래서 저는 제 학습 자료를 반 친구들에게 나누어주기로 마음먹었고, 시간을 할애하여 노트 정리뿐만 아니라 제가 그 과목을 어떤 방식으로 공부했는지를 같이 알려주며 스스로 공부법을 터득할 수 있도록 도와주었습니다. 그 결과, 교실의 분위기가 전보다 좋아졌고 반 아이들 모두 성적이 오를 수 있었습니다. 저 또한 친구들이 기뻐하는 모습을 보면서 만족스러웠고 서로 사이가 더욱 돈독해지는 계기가 되었습니다. 이러한 경험을 통해 나눔과 배려는 저 자신에게도 행복을 준다는 것을 깨달을 수 있었습니다.

2학년 가을 무렵 저희 학교에서는 시낭송회를 개최하였습니다. 흔히들 시낭송을 개인이 혼자 준비하는 것으로 생각했지만, 저는 친구들과 함께 낭송하는 것도 의미가 있을 것 같아 친구들에게 같이 하자고 제안을 했습니다. 저의 제안에 친구들은 시를 이해할 수 있는 색다른 방법이 될 것 같다고 하며 참가의사를 밝혀주었습니다. 회의를 통해 저희는 '신과의 인터뷰'라는 시를 연극 형식으로 낭송하기로 했습니다. 연습을 위해서는 소품준비, PPT 제작, 시나리오 짜기 등의 역할이 필요했는데 저희는 소회의를 통해 각자에 알맞게 역할을 배분할 수 있었습니다. 이렇게 역할을 나눈 다음 연습을 하자 빈틈없이 철저하게 공연을 준비할 수 있었습니다. 그 결과 저희 팀의 공연은 선생님과 친구들의 극찬을 받았고, 학교 홈페이지에 공연 영상이 개재되는 쾌거를 이룰 수 있었습니다. 시낭송회를 통해 협력은 목표를 달성하는 데 있어 가장 효과적인 전략 중 하나라는 것을 배웠습니다.

POINT '나눔, 배려, 협력'의 키워드가 골고루 활용되었다. 전체적인 구성과 문장이 흠잡을 데 없이 견고하며 1000자를 꽉 채워주는 성실함이 돋보인다.

4. 해당 모집단위에 지원한 동기와 준비과정을 기술해 주시기 바랍니다. (1,000자 이내)

저는 지구촌 여러 문제의 해결에 앞장서는 글로벌리더가 되기 위해 정치외교학과에 지원하였습니다. 어릴 때부터 저는 항상 더 넓은 세계를 동경했습니다. 그래서 학창시절 제 진로희망란에는 항상 파일럿과 외교관이 써져있었습니다.

제가 UN의 꿈을 갖게 된 것은 1학년 때 만난 멘토링 선생님 덕분입니다. 선생님께서는 UN에서 근무하시다가 저희 학교로 오신 분이셨는데 항상 저희에게 세계의 여러 문제에 관심을 가지라고 역설하시던 진정한 글로벌인(人)이셨습니다. 첫 멘토링 시간에 선생님께서는 어떻게 UN에 들어가게 되셨는지를 알려주셨습니다. 그리고 선생님께서도 세계를 무대로 자신의 꿈을 펼치고 싶어 하던 소녀였고, UN에서 전 세계의 뛰어난 사람들과 일하는 것이 너무 행복했다는 말씀을 하셨습니다. 이러한 선생님의 경험담이 제게 UN의 꿈을 싹트게 해주었습니다. 처음에는 UN에 들어가 세계를 누비며 다양한 사람들을 만나는 것에 마음이 기울었지만, 책과 인터넷을 통해 다양한 국제 문제들에 대해 알게 되면서 제가 해야 되는 일이 지구촌의 문제들을 해결하는 것이라고 생각했습니다. 하지만 오늘날의 범지구적 문제들은 그 원인이 다양하고 복잡하게 얽혀 있어 해결하기가 무척 어렵다는 사실을 알게 되었습니다. 그래서 2학년 때 국제리더십동아리를 조직하여 다양한 국제 문제들을 분석하면서 그 해결 방안에 대해 진지하게 고민하였고, 3학년 사회과목으로 법과 정치를 선택하여 국제정치를 이해하기 위한 밑바탕을 닦았습니다. 또한, 고등학교 3년 동안 다양한 관련 분야의 책들을 읽으면서 여러 가지 이슈들에 대해 전반적인 지식을 쌓기 위해 노력했습니다. 특히 안석화씨의 '너의 무대를 세계로 옮겨라'는 국제 시대에 대한 감각을 더욱 키워준 계기가 되었습니다.

저는 고려대학교 정치외교학과에 진학하여 국제기구의 미래와 초국가적 문제들의 해결 방안에 대해 공부하고 싶습니다. 이를 위해 고등학교 3년 동안 우직하게 준비를 해왔습니다. 이제 고려대학교라는 날개를 달고 세계를 향해 힘찬 도약을 하고 싶습니다.

POINT 지원 대학(고려대학교)의 인재상인 '글로벌인(人)'이라는 키워드를 강조하고 있다. 공통문항 2번과 마찬가지로 서론-본론-결론의 3단 구성으로 전개되었으며 마지막 단락은 미래에 대한 힘찬 포부로 끝맺고 있다.

1. 고등학교 재학기간 중 학업에 기울인 노력과 학습 경험에 대해, 배우고 느낀 점을 중심으로 기술해 주시기 바랍니다. (1,000자 이내)

〈비기너의 지식상자 열기〉

저에게 지식은 두근거림입니다. 지식을 얻는 두근거림이 고등학교 내내 저를 이끌었습니다.

저는 우선 새로운 지식이 주는 두근거림을 따라갔습니다. 새로운 지식과 경험을 위해 도서반부터 융합학문동아리, 심리학동아리, 수학동아리까지 참여해보았고, 교내의 행사란 행사는 모두 찾아다녔습니다. 전공어탐구보고서를 쓸 때도 해외의 섬이나 남미의 경제 연합같이 배워보지 못한 주제를 연구했고, 책을 읽을 때도 항상 각기 다른 분야의 책을 읽으려 했습니다. 때로는 학교 밖에서 철학이나 심리학, 인생강의 등을 들으며 지식을 얻기도 했습니다.

이렇게 쌓은 지식은 학업에도 긍정적인 영향을 주었습니다. 심리학동아리 활동을 한 후에는 인지부조화나 손실회피성향이 주제인 영어 지문이 훨씬 잘 이해되었고, 전공어탐구보고서에서 영국과 아르헨티나의 영토분쟁을 조사하니 독도가 왜 우리 땅인지 좀 더 객관적으로 설명할 수 있었습니다. 역시 지식이라는 것은 궁극적으로 연결된다는 것을 느꼈습니다.

배운 지식을 탐구하여 새로운 깨달음을 얻을 때의 두근거림을 쫓기도 했습니다. 이때 질문을 적극적으로 활용했습니다. 한 번은 '모든 삼차함수가 대칭은 아니다'라는 수학선생님의 말씀에 의문이 들었습니다. 해답을 얻기 위해 인터넷을 찾아보아도 의견이 분분했고, 이과 수학책까지 뒤져도 마땅한 답이 없어서 직접 증명을 시도했습니다. 처음에는 방향을 잡지 못해 헤맸지만, 포기하지 않고 야자 시간을 모두 투자한 끝에 '모든 삼차함수는 변곡점에 대칭이다'라는 명제가 참임을 증명했습니다.

질문을 던지고, 그 답을 집요하게 찾아내는 습관을 통해 제가 배웠던 것 이상의 결과물을 얻을 수 있었고, 같은 것이 주어져도 그것을 어떻게 활용하는가에 따라 매우 다른 결과가 나올 수 있다는 사실을 깨달았습니다.

저는 세상의 모든 지식 중 극히 일부만 아는 비기너(beginner)지만, 그래서 더 행복합니다. 아직 제가 열어야 할 지식상자가 무한하기 때문입니다. 끊임없이 지식상자를 열며 가슴 뛰는 삶을 살고 싶습니다.

POINT 서울대 인재상의 핵심가치인 '지적호기심'이 잘 드러나 있다. '스키너의 심리상자'를 각색한 '비기너의 심리상자'라는 소제목도 센스 있다. 두 번째 에피소드에서는 지적호기심과 열정을 느꼈던 '삼차함수의 대칭성'을 구체적으로 언급하고 있다. 이처럼 '과목'에서 멈추지 말고 한 단계 더 파고들어서 '그 과목에서 자신에게 의미 있었던 단원, 개념, 수업장면'까지 언급하면 남들과 차별화된 공통문항 1번을 쓸 수 있다. 예를 들어 다른 학생들이 단순히 '국어를 공부해서 성적이 향상된 경험'을 쓰면 여러분은 '국어에서 비유법을 공부하며 배우고 느낀 점'까지 써야 한다. 에피소드가 구체적일수록 배우고 느낀 점도 구체적이다. 굉장히 중요한 팁이다.

2. 고등학교 재학기간 중 본인이 의미를 두고 노력했던 교내 활동을 배우고 느낀 점을 중심으로 3개 이내로 기술해 주시기 바랍니다. 단, 교외 활동 중 학교장의 허락을 받고 참여한 활동은 포함됩니다. (1,500자 이내)

심리학학술동아리는 제 탐구심에 날개를 달아주었습니다. 스스로 주제를 정해 조사, 발표하면서 제가 원하는 주제를 책, 다큐멘터리, 논문 등 다양한 자료를 이용해 탐구하고 친구들과 나눌 수 있었습니다. 가장 기억에 남는 발표는 인지심리학에 관한 발표였습니다. 생각해본 적 없었던 지각경로나 정보처리모형이 신기했고, 당연하다고 느끼는 것들에 의문을 가지는 것이 심리학을 연구하는 기본자세라는 것을 느꼈습니다. 또한, 인지심리학과 언어학, 신경과학 등이 결합한 인지과학을 살펴보면서 심리학이 인문사회와 과학을 연결하는 다리라는 것을 실감했고, 심리학의 융합성에 매료되었습니다. 고정관념과 편견에 대한 탐구도 흥미로웠습니다. 한국사회및성격심리학회 동계학술대회에서 적극적 조치에 대한 발표를 들은 후 편견에 관심이 생겼고, 동아리에서 발표한 뒤에도 관심이 사라지지 않아 탐구를 지속했습니다. 그 과정에서 사람들은 자신만의 고정관념, 프레임을 가지고 세상을 해석한다는 것을 알게 되었고, 종교 갈등 같은 현대사회의 대립은 결국 상대방의 프레임을 이해하지 못해서 일어난다고 생각했습니다. 그래서 편견을 해소하면 갈등도 해소될 수 있다는 생각으로 집단 간 접촉 같은 편견 해소방안을 탐구했고, 실제사례도 조사하여 보고서를 작성해 보고서대회 최우수상을 받았습니다. 앞으로도 현실과의 끈을 놓지 않으며 심리학 탐구를 지속하고 싶습니다.

교내 UCC 대회에 참가해 도전정신을 길렀습니다. 영상제작 경험이 없었던 저에게 UCC 대회는 도전이었습니다. 영상편집을 위해 처음으로 프리미어라는 프로그램을 접했는데, 사용방법을 알 수가 없어 막막했습니다. 하지만 이것도 지식의 확장이라고 생각하자 재미가 붙어 인터넷을 참고해가면서 시간 가는 줄 모르고 영상을 만들었습니다. 결국 대회에서 최우수상을 받았지만, 그보다 중요했던 것은 UCC 제작경험 그 자체였습니다. 이 경험을 통해 일단 '해보자'라는 마음가짐으로 도전하는 것이 성공의 첫걸음이고, 그 도전을 즐기는 것이 성공의 지름길이라는 사실을 깨달았습니다. 이러한 마음으로 교내영어토론대회나 한국사능력검정시험, 경제이해력검증시험같이 다양한 분야에 도전하기도 했습니다. 앞으로도 끊임없이 도전하고 배우는 삶을 살고 싶습니다.

편지번역봉사를 통해 진정한 봉사의 의미를 깨달았습니다. 처음에는 저의 능력을 나누고 싶다는 마음으로 시작했는데, 편지를 번역하다 보면 수도조차 연결되어 있지 않은 집에 살면서도 학교에 갈 수 있어 행복하다는 아이들이 많았습니다. 그걸 보고 주변을 돌아보니 제가 입고 있는 교복, 종종 남기곤 했던 급식같이 사소하다고 생각했지만 사실은 소중한 것들에 대해 되돌아볼 수 있었습니다. 이후 아이들을 따라 작은 것에도 감사하는 삶을 살기 위해 노력하고 있고, 이러한 배움을 통해 봉사는 일방적인 '베풂'이 아닌 '상호작용'이라는 것을 배웠습니다. 이 마음으로 멘토링 봉사, 헌혈 등 지속적인 봉사를 실천해 교내자원봉사대회에서 최우수상, 적십자사에서 표창장을 받았습니다. 앞으로도 봉사의 정신을 잊지 않고 봉사하는 삶을 이어나갈 계획입니다.

POINT ▶ 배우고 느낀 점이 다양한 서술어로 풍부하게 서술되었다. 소위 '스펙'을 단순히 나열하지 않고 비슷한 카테고리로 묶어서 체계적으로 전달한 점도 효과적이다.

3. 학교 생활 중 배려, 나눔, 협력, 갈등 관리 등을 실천한 사례를 들고, 그 과정을 통해 배우고 느낀 점을 기술해 주시기 바랍니다. (1,000자 이내)

저는 2학년 2학기와 3학년 2학기 두 번이나 회장으로 선출되었습니다. 하지만 처음부터 친구들의 신임을 받은 것은 아닙니다. 2학년 1학기 때 회장에 출마했지만, 떨어졌습니다. 이유를 생각해보니 친구들을 돕고 싶다는 마음만 있었지 그 마음을 실천해본 적이 없었다는 것을 깨달았고, 그때부터 나눔의 '방법'을 고민하기 시작했습니다. 먼저 칠판 한쪽에 매일 스페인어와 영어 속담을 적었고, 숙제 게시판을 만들어 친구들의 학습을 도왔습니다. 흥미로운 체험활동이 있으면 관련 정보를 정리한 프린트물을 게시했습니다. 감사하게도 친구들이 제 노력을 알아봐 주어 2학기 회장이 되었습니다.

회장직에 있으면서 협동과 소통의 중요성을 배웠습니다. 어느 날 교무실에 갔다가 수행평가로 걷어간 문제집 확인이 끝난 것을 보고 혼자 문제집을 반으로 들고 왔습니다. 그런데 반 친구들은 '같이 가져와야지!'라고 하며 남자회장을 비난했습니다. 그때 제가 한 행동 때문에 애꿎은 친구가 피해를 볼 수 있다는 것을 알았고, 혼자서 모든 일을 수행하려 하는 것보다 친구들과 일을 나누어 힘을 합치는 것이 더 좋은 결과를 가져올 수 있다는 것을 깨달았습니다. 또 한 번은 남극체험에 관한 활동을 게시하던 중 옆에 있던 친구가 "이거 정말 우리를 위해서 붙이는 거야?"라는 질문을 한 적이 있습니다. 제 눈에는 재밌어 보였는데 친구들에게는 관심이 생길만한 활동이 아니었던 겁니다. 이를 통해서 나눔과 배려에서도 소통이 중요함을 알 수 있었습니다.

하지만 제가 얻은 가장 큰 깨달음은 지위보다는 행동이 중요하다는 것입니다. 그래서 회장 임기가 끝난 후에도 학급 파일공유공간을 만들어 기출 문제와 제가 만든 문제들을 올렸으며, 숙제 게시판을 꾸준히 업데이트했습니다. 친구들의 추천을 받아 다시 회장이 된 지금도 변치 않는 모습을 보여주려 노력하고 있습니다. 저의 작은 행동이 친구들에게 도움이 된다는 것이 항상 감사합니다. 앞으로는 주변 사람들뿐만 아니라 사회의 어려운 사람들에게도 나눔을 실천하는 사람이 되고 싶습니다.

POINT ▶ 숙제 게시판, 학급파일 공유공간 등 자잘한 에피소드를 모아서 유기적으로 연결했다. 큰 바위만 가지고는 성을 쌓을 수 없다. 바위틈을 채워 줄 자갈과 모래와 진흙도 필요하다. 작은 에피소드도 적절히 활용해야 성처럼 견고한 자소서를 쓸 수 있다.

4. 고등학교 재학 기간 또는 최근 3년간 읽었던 책을 3권 이내로 선정하고 그 이유를 기술하여 주십시오.

〈생각의 지도〉

'프레임'을 읽고 작가의 다른 책을 찾다가 작가가 번역한 '생각의 지도'를 만났습니다. 제가 Intro to Psychology 강의를 통해 배웠던 것은 전 인류에 보편적인 심리학이었는데, 책을 읽으면서는 '과연 서구권에서 쌓은 심리학 지식을 우리에게 적용할 수 있을까'라는 의문을 가지게 되었습니다. 아직 저의 지식이 부족하기에 성급한 판단을 내리기보다는 심리학을 더 공부하면서 해답을 찾아 나가고 싶습니다. 한편으로는 동서양의 융합이 과연 옳은 것인지 질문해 보기도 했습니다. 문화 간의 우열이 존재하지 않는 만큼 두 문화가 하나로 수렴하는 것보다 오히려 서로의 문화를 유지하는 것이 다양성을 보존하는 길이라는 생각이 들었습니다. 그런데 우리나라는 동양적인 사고를 하면서도 논리를 중시하는 서양적 사고가 더 우수하다고 여기는 것 같아서 저부터 그러한 생각을 고치기 위해 노력 중입니다. 인간과 사회, 문화의 보편성과 특수성을 모두 고려할 줄 아는 심리학도가 되고 싶습니다.

〈순교자〉

도서관에서 우연히 뽑은 '순교자'는 3번이나 읽었지만 읽을수록 새로운 책입니다. 처음 읽었을 때는 '종교'라는 키워드에 관심이 갔습니다. 한국전쟁이라는 극한의 상황 속에서 종교가 곧 희망이 되는 것을 보면서 종교의 의미를 고민했습니다. 도킨스의 '만들어진 신'이나 최재천, 도정일의 '대담'을 읽으며 신의 존재 여부보다 중요한 것은 신이 인간에게 제시하는 가치들(인간 존중, 겸손 등)이라는 생각을 통해 사고를 확장하기도 했습니다. 그런데 책을 두 번째, 그리고 영어원서로 세 번째 읽었을 때는 종교 속의 '인간'을 보았습니다. 이념에 얽매이지 않고 끝까지 진실만을 추구하는 이 대위의 모습을 보면서 자신의 신념을 굽히지 않는 올곧음을 배울 수 있었고, 신도들에게 희망을 주기 위해 자신만의 십자가를 짊어지는 신 목사를 보면서 타인을 위한 희생의 가치를 배웠습니다. 특히 사회에 대한 불신이 문제가 되는 오늘날 신 목사의 인간에 대한 근본적인 믿음은 본받을 필요가 있다고 생각합니다.

〈플라이 투 더 문〉

이 책을 통해 처음으로 과학의 '아름다움'을 경험할 수 있었습니다. 인류 최초로 달 착륙에 성공한 마이클 콜린스는 자신이 달에 가게 되기까지의 과정을 과학적인 설명을 곁들여 이야기합니다. 책을 읽으며 이론적인 지식이라고 생각했던 별의 위치가 우주에서 우주선의 현 위치를 가늠하는 척도로 쓰이고, 뭔지도 모르고 외우기만 했던 대기권에 대한 지식을 통해 지구에 무사히 돌아오기 위한 우주선의 각도를 계산하는 것을 보고 이론이라고만 생각했던 과학이 한 사람의 인생이자 현실이 될 수 있다는 것을 깨달았고, 그런 과학에 경이를 느꼈습니다. 덕분에 그 후부터는 문과 이과 지식을 가리지 않는 폭넓은 배움을 지향하게 되었습니다. 또한, 달 착륙이라는 인류사에 남을만한 업적을 달성한 사람을 간접적으로나마 만나면서 학문을 연구할 때 사회를 생각하여 제 연구와 행동이 사회에 미칠 영향을 고려하고, 미래를 생각하여 후대 사람들에게 무엇을 남길 수 있을지 고민해봐야 한다는 사실을 깨달았습니다.

POINT 단순히 책을 읽은 소감을 말하는 것에 그치지 않고 그로부터 얻게 된 자신의 핵심가치(키워드)를 어필하고 있다.

합격 수기

안녕하세요 시우쌤!

저는 작년 8~9월에 수○○에서 시우쌤께서 작성하신 자소서 글로 도움을 많이 받은 학생입니다. 감사하다는 인사가 좀 많이 늦었죠? 죄송해요...ㅎㅎ

수시원서 6개를 모두 학생부종합으로 결정한 후 어느 정도 자신이 있었습니다. 원래 글을 잘 쓴다고 생각해왔고, 또 지난 3년간 학생부종합만을 생각하며 스펙을 쌓고 학교공부를 했으니까요. 그래서 자소서를 너무 쉽게만 생각했던 것 같아요. 분명히 내가 한 활동이고 할 당시에는 내게 준 교훈도 많고, 또 많은 것을 배웠는데 자소서만 쓰려고 하면 막막하고 울고 싶어지더라구요.

진짜 "답이 없다."라는 말이 딱 맞는 것 같아요. 어떻게 할지 갈피를 못 잡던 중, 시우쌤의 글을 봤고 어떤 날은 쪽지를 보내 궁금한 것을 여쭤가며 그렇게 조금씩 자소서에 대한 감을 잡았던 것 같아요. 선생님 글 한 개를 10번도 넘게 읽고 또 읽었어요. 그리구 여태껏 썼던 자소서를 모두 지우고 선생님의 글을 보며 다시 차근차근 작성했어요. 물론 수정도 진짜 몇 십 번은 더 한 것 같아요...ㅎㅎ 제 입시에 가장 큰 도움을 주신 분은 어떻게 보면 시우쌤이라고 해도 과언이 아닌 것 같아요 ㅎㅎ

정말 감사하다는 말씀, 꼭 전하고 싶었습니다. 결과적으로 저는 중앙대학교에 오게 되었습니다. 그리고 5개의 학교에 서류로 1차 합격을 할 수 있었습니다. 그 중 4곳에 최종적으로 붙었어요.

정말 감사합니다 선생님! 감사하다는 말로도 제 마음이 모두 표현되지 않는 것 같네요. 정말 정말, 너무 감사드립니다. 선생님 올 한해는 좋은 일만 가득하시길 바라겠습니다.

– 중앙대 외 3개 대학 합격 김○○

부록
Q&A로 풀어보는
자소서 궁금증

자소서에 대한 모든 궁금증을 풀어보다

☞ 아니요. 그럼 생기부를 보지 뭐 하러 자소서를 보겠습니까. 대학이 자소서를 보는 이유는 생기부만으로 판단할 수 없는 잠재력, 인성, 열정 등을 보기 위해서입니다. 물론 최소한의 활동 근거는 생기부에 있어야 합니다. 하지만 생기부가 모든 활동을 담아낼 수 있는 것은 아닙니다. 예를 들어 'RCY'에 가입한 기록은 생기부에 있겠지만 왜 RCY에 지원했는지, RCY 활동 중에 무슨 일이 있었는지, 부원들과 어떤 갈등을 겪고 그로부터 무엇을 배웠는지는 등은 생기부에 없겠죠. 설령 생기부에 있는 내용이라고 하더라고 생기부에 있는 내용을 단순히 반복하는 것은 의미가 없습니다. 자소서는 생기부를 바탕으로 하되 생기부만으로는 알 수 없는 내용을 써야 합니다.

> 많은 학생들이 자기소개서 작성에 많은 부담을 느끼며, 필요 이상으로 많은 시간을 투자하고 있는 것으로 압니다. 서류평가에서 가장 중요한 자료가 자기소개서라고 믿는 학생들도 많습니다. 입학사정관은 학교생활기록부에서 학생 개개인의 학교생활 대부분을 파악하고 평가합니다. 학교생활기록부에 충분히 나타나지 않은 나만의 특성을 자기소개서를 활용하여 보여주면 됩니다.
>
> — 서울대학교 2016학년도 학생부종합전형 안내

☞ 입학사정관들도 궁금해 하실 테니 밝혀주는 것이 좋습니다. 여기서 중요한 점은 너무 구차하게 '변명'을 하지 말고 당당하게 '해명'을 해야 한다는 점입니다. 학창 시절에 진로가 바뀌는 것은 흔한 일입니다. 대학 측에서도 진로의 일관성을 보기야 하겠지만 그것이 곧 '진로는 1학년 때 결정되고 그 후로 변동이 없어야 한다'를 의미하는 것은 아닙니다.

능동적으로 자신의 진로를 찾아 나선 학생일수록 진로가 수시로 바뀝니다. 정보를 찾으면 찾을수록 자신에게 더 적합한 진로가 계속 눈에 들어오는 거죠. 그래서 요즘은 진로 변경 자체는 크게 문제 삼지 않습니다. 그렇지만 그 이유가 납득할 만해야 합니다. "변호사가 되고 싶었는데 범죄자들을 보고 어릴 때부터 제대로 된 교육을 받았다면 어땠을까 하는 생각이 들었습니다. 그래서 교육학과를 지원하게 되었습니다."라고 무리하지 마세요. 이런 게 바로 '자소설'입니다.

하도 자소설이 판을 치다보니 때로는 솔직한 것이 통할 수도 있습니다. "처음에는 부모님의 기대와 사회적인 평판 때문에 변호사가 되고 싶었습니다. 하지만 적성검사 결과도 그렇고 진로에 대해 고민을 하면 할수록 법조인은 제 적성에 맞지 않는다는 생각이 들었습니다. 협동학습반 활동을 통해 저에게 친구들에게 어려운 개념을 쉽게 설명할 수 있는 능력이 있다는 것을 깨달았습니다. 그래서 저는 진로를 교육학 쪽으로 바꾸고 교육학과와 관련된 책과 잡지를 구독하기 시작했습니다." 이게 훨씬 솔직해 보이죠? 진로를 바꾸는 것은 애인을 바꾸는 것과 비슷합니다. "사랑하지만 널 위해 놓아 주어야겠어."라고 희망고문하지 말고 차라리 "예전엔 널 사랑했지만 지금은 더 좋아하는 사람이 생겼어."라고 솔직하게 말하는 것이 좋습니다.

Q3 공통문항 1번이 가장 쓰기 힘들어요. 어떻게 학습 경험을 지원 학과하고 연결시키죠?

☞ 자소서의 모든 문항은 따로 말이 없어도 학과연관성을 전제로 깔고 작성되어야 합니다. 그렇다면 학습 경험을 어떻게 학과와 연관시키느냐? 몇 가지 팁을 알려드리겠습니다.

(1) 학과와 직접 관련되는 과목을 공략한다.

말 그대로 국문과에 지원하면 '국어' 과목에, 화학과에 지원하면 '화학' 과목에 호기심을 가지고 공부한 경험을 적어주면 됩니다. 일반적으로 '자신은 ○○학습 경험을 통해 ○○을 배울 수 있었다(두괄식 주장) → 왜 공부를 하게 되었고(동기) → 어떠한 어려움이 있었으며(문제) → 어떻게 해결해서(행동) → 어떤 결과가 나왔다(결과) → 그리고 그것으로부터 무엇을 배우고 느꼈다(배우고 느낀 점, 지원동기) → 지원 학과에 어떤 도움이 될 것이다(학과 연관성)' 이런 순서로 적어주시면 됩니다. 각 단계별로 한 두 문장씩만 적어줘도 500자가 꽉 찹니다. 이때 몇 등급이 올랐는지 '결과'에 너무 집착하지 마시고 '해결과정'과 '배우고 느낀 점'에 좀 더 비중을 두세요.

(2) 학과를 쪼개서 하나씩 공략한다.

'화학 공학과', '농업 경제학', '영어 교육학'과 같이 서로 다른 분야가 융합된 학과는 고등학교 교육과정에서 딱 맞는 과목을 찾기가 힘듭니다. 이럴 때는 학과를 둘로 쪼개서 하나씩 공략합니다. 예를 들어 '화학 공학과'는 '화학'과 '공학'으로 쪼개서 '화학'에 적합한 에피소드와 '공학'에 어울리는 에피소드를 각각 생성하는 것이죠. '화학'은 말 그대로 화학과목을 공부한 경험을 기술하면 되고 '공학'은 수학이나 과학이나 기술을 공부한 경험을 기술하면 됩니다.

(3) 인접 과목을 공략한다.

지원 학과에 딱 들어맞는 과목이 없으면 그것과 최대한 인접한 과목을 통해서 학습경험을 기술할 수도 있습니다. 예를 들어 '물리학과'를 지원한다면 '국어'와 '수학' 중에 어느 쪽이 더 어울리겠어요? 당연히 '수학'이겠죠? 논리적 사고력이나 탐구심이라는 키워드를 공유하니까요. 이때 기왕이면 잘하기도 하고 지원 학과와 잘 맞기도 하는 과목이 좋습니다. 수학교학과를 지원하면서 지리과목을 공부한 경험을 쓰는 것은 수학강사 뽑는데 세계지도 들고 가는 격입니다.

(4) 키워드로 연결해서 공략한다.

지원 학과가 독특해서 도저히 연결시킬 수 있는 학습 경험이 없을 때는 키워드를 사이에 두고 연결해야 합니다. 순서는 다음과 같습니다.

① 먼저 지원 학과에 맞는 키워드를 떠올립니다.
② 키워드에 맞는 학습 경험을 떠올립니다.
③ 학습경험으로부터 깨달은 바를 일반화 시킵니다.
④ 일반화된 깨달음을 지원 학과에 적용합니다.

예를 들어 '영상연출학과'를 지원한다고 가정해 봅시다. 교육과정 중에 '영화'라는 과목을 가르치는 고등학교는 없겠죠? 그 때는 우선 '영상연출학과'에 필요한 핵심가치가 무엇인지 브레인스토밍으로 키워드를 생성합니다. 여기서는 일단 '계획성'이라고 해 봅시다. 영화를 찍을 때는 철저히 계산된 촬영 스케줄에 맞춰 찍어야 예산 낭비를 막을 수 있으니까요. 그렇다면 '계획성'과 관련된 학습 경험은? '스터디 플래너'가 언뜻 떠오르는군요. 그렇다면 '영상연출에는 계획성이 필요하다(키워드 생성) → 스터디 플래너를 작성했다(학습경험) → 계획을 세우고 일을 추진하는 습관이 생겼다(일반화) → 영화도 촬영계획에 맞춰 효율적으로 촬영할 수 있다(지원 학과에 적용).' 이런 흐름으로 지원 학과와 관련지어서 공통문항 1번을 작성할 수 있습니다.

공통문항 3번을 작성할 때 '나눔, 배려, 갈등관리, 협력'이 모두 들어가야 하나요?

☞ 일반적으로 공통문항 3번은 500자 에피소드 2개로 구성합니다. 그리고 '나눔과 배려'를 묶어서 에피소드 1로, '갈등관리와 협력'을 묶어서 에피소드 2로 배치합니다. 남과 나누기 위해서는 배려해야 하고, 협력하는 과정에서도 갈등이 발생할 수 있거든요. 하지만 딱히 정해진 법칙은 없습니다. 두루 언급하면 좋지만 1~2개의 키워드만 가지고도 얼마든지 매력적인 자소서를 써낼 수 있습니다.

한 가지 고급 팁을 드리자면 위에서 언급한 4가지 키워드 말고 자신만의 특장점을 +α로 제시하면 더 좋습니다. 이때 +α는 리더십이나 창의성 같은 능력적 차원이 아닌 정직성이나 겸손함 등 인성적 차원이 좋습니다. 예를 들어 갈등관리를 말할 때 다음과 같은 상황을 봅시다. 친구들과 학교 밖으로 행사를 나왔는데 비가 와서 행사가 취소되었습니다. 친구들은 기왕 나왔으니 5시까지 PC방에서 놀다가 학교로 돌아가자고 주장하고 나는 그것은 무단결과나 다름없으니 바로 돌아가자고 주장합니다. 친구들은 나에게 융통성이 없다고 하고 나는 친구들에게 정직하지 않다고 하며 갈등이 발생합니다. 이런 에피소드를 통해서는 갈등관리 이외에 '정직성'이라는 자신만의 특장점을 하나 더 어필할 수 있습니다. 다른 조건이 똑같다면 갈등관리만 잘하는 사람과 정직하기까지 한 사람. 대학은 어느 쪽을 선호할까요?

어떤 문항은 글자 수가 넘치고 어떤 문항은 글자 수가 모자랍니다. 어떻게 해야 할까요?

☞ 보디빌딩 시합에 나가서 선명한 복근을 자랑하려면 그전에 몸을 불리는 과정을 거쳐야 합니다. 이것을 '벌크업'이라고 합니다. 이때는 식사나 보충제를 통해서 닥

치는 대로 영양소를 섭취해서 일단 몸의 크기를 키웁니다. 그리고 시합을 2달 정도 앞두고 다이어트를 해서 지방을 싹 빼고 근육만 남깁니다. 이것을 '커팅'이라고 합니다. 운동을 잘 모르는 사람이 보기에는 '어차피 뺄 걸 왜 일부러 찌우냐'고 하겠지만 똑같은 70킬로라고 하더라도 벌크업을 한 다음에 근육만 남긴 70킬로하고 원래부터 70킬로하고는 근육의 질이 전혀 다릅니다.

자소서를 쓸 때도 마찬가지입니다. 초고에서는 일단 정해진 글자 수의 150% 정도까지 초과해서 내용을 작성합니다. 1000자짜리 항목이라면 약 1500자까지 쓰고, 1500자짜리 항목이라면 약 2200자까지 씁니다. 이것이 벌크업 과정입니다. 그리고 난 후에 반복적으로 소리 내어 읽으면서 에피소드를 자연스러운 흐름으로 재배치하고 문장을 간결하게 다듬어 줍니다. 그러면서 군더더기나 중복되는 말을 빼고 점점 정해진 글자 수에 맞추어 줍니다. 이것이 커팅 과정입니다. 커팅 과정을 거치지 않은 자소서는 군더더기가 많고 중언부언합니다. 커팅을 할 때는 다음의 두 가지 원칙을 지켜야 합니다.

(1) 빼도 의미의 변화가 없으면 무조건 뺀다.
(2) 짧은 단어로 대체해도 의미의 변화가 없으면 무조건 짧은 단어로 대체한다.

이렇게 벌크업과 커팅을 거친 자소서의 에피소드는 보디빌더의 선명한 복근처럼 매끈하고 알차게 다듬어집니다.

PERFECT
S E R I E S